全面性·知识性·趣味性·独特性

青少年最爱玩的判断力思维游戏

QINGSHAONIAN ZUIAIWAN DE PANDUANLI SIWEI YOUXI

蔡尚芊◎编著

本书从大量的益智游戏中精选了一些能提高青少年判断力的思维游戏，为广大读者提供一个检视自身思维结构，全面解码知识、融通知识、锻炼思维的自我训练平台。

NEW

中国出版集团
现代出版社

图书在版编目（CIP）数据

青少年最爱玩的判断力思维游戏／蔡尚芊编著．—北京：现代出版社，2011.11（2021年5月重印）
ISBN 978-7-5143-0327-8

Ⅰ.①青… Ⅱ.①蔡… Ⅲ.①智力游戏-青年读物②智力游戏-少年读物 Ⅳ.①G898.2

中国版本图书馆CIP数据核字（2011）第146324号

青少年最爱玩的判断力思维游戏

编　　著	蔡尚芊
责任编辑	吴庆庆
出版发行	现代出版社
地　　址	北京市安定门外安华里504号
邮政编码	100011
电　　话	010-64267325　010-64245264（兼传真）
网　　址	www.1980xd.com
电子信箱	xiandai@vip.sina.com
印　　刷	三河市人民印务有限公司
开　　本	710mm×1000mm　1/16
印　　张	13
版　　次	2011年11月第1版　2021年5月第8次印刷
书　　号	ISBN 978-7-5143-0327-8
定　　价	38.80元

前　言

判断能力，对任何人来说都是重要的。准确地判断，有利于我们掌握事物的发展趋势，并作出正确决策。当我们对自己的生活、工作、学习等各方面的事情都有了准确的判断后，我们就会透过一切扑朔迷离的迷雾，清晰地看到事物的真实本质。并因此而做到明察秋毫，运筹帷幄！

为了提高广大青少年的判断能力，我们组织编写了这本书。我们相信，广大青少年朋友在阅读了本书以后，判断能力一定会得到很大的提升。但是我们也应该明白，判断能力的培养并不是一朝一夕的事情，也不是看一本“思维游戏”就可以大功告成的。所以，广大青少年朋友还应在生活中养成良好的思维和行为习惯，这样才能最大程度地提升自己的判断能力。

首先，做好准备。不打无准备之仗，不做无把握之事，充分的准备工作是我们做任何事情的前提，是一切事情成功的坚强后盾。你是不是一个有主见的人，这与你是否具有坚强的自信心是分不开的。除了坚强的自信心，我们还要勤于思考和善于调查研究，这对于我们是否能够准确判断是至关重要的。心急吃不了热豆腐，判断需要一个过程，“事情总会水落石出”，我们应该坚信这一点。

其次，搞清楚眼前的事情。生活中，因为面对的事情纷繁芜杂，所以我们必须弄清楚眼前的事情，理清乱麻，才能找到出路。要搞清楚眼前的事情，就要从自己的实际情况出发，认真分析，抓住本质，对事情深思熟虑，然后才能做出判断。凭冲动去做事情，急于求成的做法是不可取的，也是行不通的。

再次，纵观事物的形成过程和发展趋势。从哲学上讲，凡事都有前因后果。事物的发生、发展都有一个合乎逻辑的过程。在生活中，我们不但要学会善于了解，更重要的是要学会全方位地了解事物，对事物的形成过程仔细观察，认真研究，就有利于对事物的发展趋势做出准确的判断。

最后，养成综合看问题的习惯。唯物论要求我们，全面看待问题，分析问题。只见树木，不见森林的人永远无法了解森林的全貌。世界上的一切事物都不是孤立存在的，它们彼此之间存在着千丝万缕的联系。我们只有对事物进行综合分析，把一切有联系的因素都考虑进来，然后详加分析、考察、比较，再做出判断，就会使事物的本质清晰地呈现出来。

目 录

Contents

观察判断能力

分析判断能力

逻辑判断能力

类比判断能力

综合判断能力

直觉判断能力

直觉判断法是目前国际上较流行的决策法。直觉，是客观事物在人们头脑中迅速留下的第一印象；是在极短的时间内，对情况突如其来的、超越逻辑的洞察、顿悟和理解。直觉判断快速而又准确。

本章内容就是培养青少年朋友直觉判断能力的。要激发高度的直觉判断能力就需要不断的思考和不懈的努力。当你冥思苦想一个问题时，可能会百思不得其解，但也许就在一瞬间，灵感来临，问题就轻松解决了。这就是直觉判断的妙处！

口中的烟

居住在印第安人保护区的酋长卡马霍克是个大烟鬼，一天到晚烟不离口。

有一次，他应邀访问了位于加利福尼亚的一家石油冶炼厂。宽大的厂区里，到处都挂着“禁止吸烟”的牌子。然而，在整个参观期间，他一直是烟不离口。陪同的导游人员大概是出于客气，一直都不制止他。

在严禁烟火的石油冶炼厂中，这种事有可能吗？

难度等级　★★☆☆☆

奇怪的公路

曾开汽车周游了全世界的小李，说了这样一句话：“我试着跑遍了 A 国

的所有公路，很明显，该国公路的左转弯比右转弯多。”

你说会有这种事吗？

难度等级　★★☆☆☆

过桥洞

一辆载满货物的汽车要通过一座立交桥的桥洞，但是汽车顶部比桥底要高 1 厘米，怎么也过不去。你能想办法解决这个难题吗？

难度等级　★★★☆☆

鸡蛋不破

你拿一个生鸡蛋，让它自由下落。在地上没有任何铺垫物的情况下，你能够使鸡蛋下落 1 米而不破吗？

难度等级　★★☆☆☆

取出药片

平平感冒了，医生给他开了一瓶药片。药瓶是用木的塞子密封的。在不拔出瓶塞，也不在上面穿孔的情况下，能从完好的瓶子里取出药片吗？

难度等级　★★☆☆☆

还剩几只兔子

一天，猎人张老爹带着猎枪来到山里打猎。找了半天，终于在一片草丛里发现了 9 只兔子。张老爹不慌不忙，拿起猎枪“砰”的就是一枪。结果当场打死了一只，还有一只奄奄一息。

那么请问，此时还剩下多少只兔子？

难度等级　★★☆☆☆

哪颗星球

一个晴朗的夜晚，小刚和小美坐在屋顶上看星星。这时，小刚指着夜空说："小美，有这样一个星球，当你扔出一块石头后，在没有碰到任何障碍物的情况下，石头只在空中飞行了一段距离后就在半空中停顿，然后再向你的方向飞回来，这是哪个星球？"

读者朋友，你也来猜猜！

难度等级　★★☆☆☆

火车的位置

一列满载的火车，从沈阳开到山海关需要 7 个小时。那么，在乘客只有一半的情况下，列车行驶 3 个小时，这列火车应该在什么地方？

难度等级　★★☆☆☆

剩下的蜡烛

一个停电的夜晚，大岛先生点燃了 8 根蜡烛照明。但是突然吹来的一阵风把两根蜡烛吹灭了。过了一会儿，又被风吹灭了一根。大岛先生便把窗子关好。这样，剩下的蜡烛就没有再被吹灭的了。

那么，请问最后能剩下几根蜡烛？

难度等级　★★☆☆☆

购 物

小强由于经常躺在床上看书而养成了不良的看书习惯，时间一长就形成了高度近视。只要一拿掉眼镜，他就几乎什么都看不见了。虽然通常情况下小强戴普通眼镜的次数比戴隐形眼镜的次数要多，但是他去买一件物品的时候，他还是觉得要戴上隐形眼镜，因为这样更合适。

请问，小强要买的物品是什么呢？

难度等级 ★★☆☆☆

空水壶

有这样一个水壶，装得满满的时候足有 8 千克重。按照我们正常的喝法，一口只能喝半杯。可是小明却说他能在 10 秒钟内就把水壶变空，请问他能做到吗？

难度等级 ★★☆☆☆

无恙的方糖

有一对年轻夫妇，丈夫正在看足球比赛，妻子正在准备红茶和咖啡。忽然，丈夫一声大喊：“好球！”妻子抱怨道：“喊什么，吓得我方糖都掉到红茶里了！”丈夫说道：“那怎么办？”

妻子回答说：“怎么办，我把它用汤匙舀出来呗。”结果，妻子真的把方糖舀了出来，而且方糖竟然是干的，一点也没有化。

这是怎么回事呢？

难度等级 ★★☆☆☆

渡边的体重

渡边是个聪明的小伙子，长得高大魁梧。有人问他体重的时候，他回答说：“我最重的时候有 80 千克，最轻的时候却只有 3 千克。”当渡边说给别人听的时候，人们都不相信。

那么，你觉得这可能吗？

难度等级 ★★☆☆☆

自杀未遂

麦克因为忍受不了生活的压力，就写好了遗书准备自杀。一天夜里，麦克来到了公路上，看见对面亮着两个前灯的汽车正快速向他开来。麦克紧闭双眼，打算迎接死神的到来。当汽车飞驰而过时，麦克以为这次必死无疑了。然而，当他睁开双眼却发现，自己正好端端地躺在公路上，毫发无损。

你觉得这可能吗？

难度等级 ★★☆☆☆

下水道井盖

喜欢观察的小朋友们会注意到，在我们居住和生活的城市里有排放污水的下水道，而下水道口的盖子通常为圆形，它具有比正方形容易做、可以滚动等优点。但除此之外，还有下水道盖子非做成圆形不可的更具说服力的理由。

你认为那会是什么呢？

难度等级 ★★☆☆☆

现代斯芬克斯之谜

希腊神话中的斯芬克斯是世界最古老的出谜专家。它向路过的游客提问："开始是用四条腿，然后是用两条腿，最后用三条腿走路的是什么动物？"答不出"那是人"的游客就会被它吃掉。现在有一个现代的斯芬克斯出了这样一个难题："在 0 和 1 之间放入一个适当的符号，组成一个比 0 大、比 1 小的数字。"

你会怎样回答呢？

难度等级　★★☆☆☆

羊吃草

放羊娃牵着羊来到一棵树下，他用 3 米长的绳子拴住羊脖子，让它在树下吃草，自己就割牧草去了。他把割来的牧草放在离树 5 米远的地方，又去继续割，但是，等他再回来时，羊却把他割好的牧草吃光了。当然，绳子很结实，也没有断，更没有人解开它。

你知道羊是怎样吃到牧草的吗？

难度等级　★★☆☆☆

奇怪的价格

小兰在一个饭店吃某种东西，吃两个 30 元，吃 4 个 60 元，但吃 12 个是 120 元。

饭店怎么计价的？

难度等级　★★☆☆☆

考试日期

逻辑学教授在星期一对全体学生宣布：“在周日之前要进行一次考试。”

有位学生向教授建议：“为了让考试具有突然性，如果同学们在当天早上知道要进行考试，当天的考试就不能进行。”教授接受了这个建议。

结果，当教授在星期三宣布考试的时候，提建议的学生声称考试应该取消，因为这周的任意一天都不可以考试。

请问：学生使用什么方法来对付教授的？如果你是教授，该如何应付这个情况呢？

难度等级　★★★☆☆

井底之蛙

一只井底之蛙想出去见见世面，于是开始攀爬井壁。每爬一次，就上升 3 米，但在再次攀爬井壁前会下落 2 米。已知井深 10 米。

这只青蛙要攀爬几次才能爬出井去？

难度等级　★★☆☆☆

奇怪的礼物

小明和小涛是最要好的朋友。今天是小明的生日，小涛兴冲冲地来小明家参加他的生日宴会，并送给小明一件他渴望已久的礼物。小明高兴极了。谁知，小明把礼物突然扔在地上，还加了一脚。小涛见了，不但毫不生气，反而喜不自禁。

请问，这究竟是怎么回事？

难度等级　★★☆☆☆

水　手

一个小伙子一进餐厅，服务生小丽就对他产生了兴趣。在小伙子结账的时候，小丽总算找到了机会接近他。

让小丽更兴奋的是，她发现小伙子在账单的背面画了一个三角形。在三角形的底下，还写了一个算式：19×2=38，这当然与账单无关。

小丽冲着小伙子嫣然一笑道："我看你是个水手。"

那么，小丽怎么会知道他是水手的呢？

难度等级　★★☆☆☆

胡萝卜汁哪去了

农场主亚历山大的家里总是有很多刚榨的胡萝卜汁。他的儿子汤姆是个淘气包。一天，汤姆把一罐胡萝卜汁倒向站在窗外的弟弟约翰。胡萝卜汁像一条线一样准确无误地落在约翰的头上。但奇怪的是，约翰的头上和身上都没溅上一滴胡萝卜汁，地上也没有胡萝卜汁溅落的痕迹。

你说会有这种事吗？

难度等级　★★☆☆☆

怎么过桥

一辆汽车坏了，被另一辆汽车用钢索拖着前进。但在行进中，遇到一座桥梁。桥头的标志牌上写着：最大载重量30吨。然而，前面的汽车重20吨，后面的坏汽车重15吨，明显超过了桥的载重量。

你能想办法帮他们通过这座桥吗？

难度等级　★★☆☆☆

糊涂的答案

一位驼背老年人和一位瘸腿的年轻人路过一个陌生的村庄。对面走来一位中年人。好奇的中年人问年轻人："那位驼背的老年人是不是你父亲？"年轻人肯定地回答："是的。"中年人又到前面去问老年人："后面那位瘸腿的是不是你儿子？"老年人否定地回答："不是。"中年人有点被弄糊涂了，又一次问年轻人："那位驼背的老年人是不是你的亲生父亲？"年轻人仍然肯定地回答："是的。"

中年人又一次到前面去问老年人："那位瘸腿的年轻人是不是你的亲生儿子？"

老年人同样否定地回答："不是。"

但事实上老年人和年轻人说的都是真话。想一想，老年人和年轻人到底是什么关系？

难度等级　★★★☆☆

汽车大赛

一年一度的国际汽车大赛就要开始了。比赛中，汽车总是沿着一定方向奔驰的，所以汽车内侧的轮子和外侧的轮子所跑的距离是不同的。如左图所示，假设现有一条直径为 50 米的圆形跑道，内侧与外侧轮子间的宽度为 2 米，则汽车跑一圈，外侧的轮子比内侧的轮子多跑约 12.56 米。

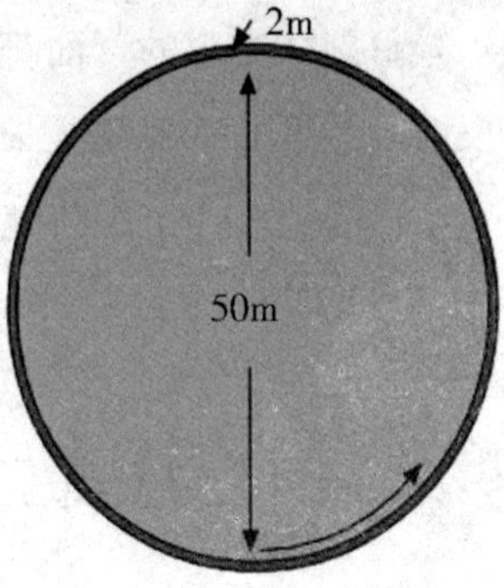

如果这是条直径为 500 米的圆形跑道，那么跑完一圈，外侧比内侧多跑多少距离？

难度等级　★★★☆☆

喝咖啡

客人来到一家餐厅，要了一杯咖啡，当喝到一半时又兑满开水；又喝去一半时，再次兑满开水；又经过同样的两次重复过程，最终喝完了。

请计算这位客人一共喝了多少杯咖啡。

难度等级　★★☆☆☆

寻找出发点

有一个探险者，从某个地点出发，朝南走了1000米，接着朝东走了1000米，再接着朝北走了1000米，结果发现自己回到了原来的出发点。

请问，这个探险者的出发点是在什么地方？

难度等级　★★☆☆☆

猜准扑克牌

每副扑克牌的背面都是一模一样的。现在有一张扑克牌背面朝上扣在桌面上。下面来猜测这张扑克牌的正面。

你能想出一个一猜就中的方法吗？

难度等级　★★☆☆☆

奇怪的交通工具

小赵和几个人一块乘坐某种交通工具，周围的人都说：“哇，真勇敢哪!”可中途，其他人都陆续下去了，只剩小赵和另一个人。小赵下来时，周围的人部说小赵“你太不勇敢了。”

请问，小赵乘坐的究竟是什么交通工具呢？

难度等级　★★☆☆☆

谁的照片

王强既没有兄弟，又没有姐妹。有一天，他看着一张照片发呆。他的一个朋友问他："你看的是谁的照片？"他如实回答："照片上的男人的父亲，是我父亲的儿子。"

他看的是谁的照片？

难度等级　★★☆☆☆

圣彼得堡的飞艇

一架飞艇从圣彼得堡起飞，径直向北飞行。在向北飞了500千米以后，飞艇转弯向东飞。在这个方向上飞了500千米。然后飞艇转向南，飞行500千米后，又转向西飞行500千米，就降落到地面上了。请问飞艇是否降落到原出发点？

你一定会说："向前走500步，向后走500步，再向右走500步，再向左走500步，我们一定能回到出发的地方。"

你认为上面这个问题的答案是这样的吗？

难度等级　★★☆☆☆

笔直的烟

轮船以10千米/小时左右的速度航行，轮船烟囱冒出的烟是笔直上升的。

你认为这种情况可能吗？

难度等级　★★☆☆☆

妈妈的好办法

丁丁和当当兄弟俩每天放学回来都要吃零食。一天，妈妈为他们准备的零食是1只香蕉（净重150克）、1个苹果（380克）和8颗草莓，哥俩回来一人一半。没想到，今天放学后，他们还带了一个同学回来。

那么原来准备好的两人分的东西能不能等量地分给3个人呢？

难度等级　★★☆☆☆

孤独的沙漏

科学院的宇航员杨先生有一个习惯，每天早晨刷牙用时1分钟，时间则靠沙漏计时器控制。可是有一天，杨先生要出差一周，于是他嘟囔道：“这回用不上沙漏计时器了，真扫兴。”

沙漏计时器体积小，重量轻，携带方便，可是杨先生为什么不带上它呢？

难度等级　★★☆☆☆

失误的妙计

百合小姐的眼睛高度近视。可是，今天的视力检查她很自信，她两眼的视力将是2.0。理由是，她把视力检查表全背下来了。不过，当视力检查开始时，在视力表没有问题且没有出现别的异常的情况下，百合小姐察觉到自己的妙计竟有一个重大失误。

你知道这个重大失误是什么吗？

难度等级　★★☆☆☆

神枪手

猎人老田有一支质量相当好的猎枪，卖枪人说这种枪的最大射程是600米。可是，用了这么多次，到目前为止，这支枪的子弹还从没有射过那么远。也就是说，不论是对空射，还是在大平原上射，子弹都没有飞出过600米远。

这究竟是为什么呢？

难度等级　★★☆☆☆

用何种语言

在瑞士居住着讲德语、法语、意大利语、罗马尼亚语等语言的国民。有一次，4 个中国人到瑞士旅游。4 人中，A 会讲罗马尼亚语和德语，B 会讲德语和法语，C 会讲法语和意大利语，D 会讲西班牙语和英语。他们来到某个地方，那儿有一块写着罗马尼亚文的广告牌。A 看了后用德语转告了 B。

请问，B 能把广告牌上的意思转告给 C 和 D 吗？

难度等级　★★☆☆☆

奇怪的钟

小威家的钟坏了，爸爸请来一位朋友修理。修完后过了 12 小时，确认这个时钟已完全修好。之后，又过了 3 小时，发现时钟只走了 15 分钟，但又并不是时钟停了。

你知道到底是怎么回事吗？

难度等级　★★☆☆☆

骆驼商队

沙漠中有一支骆驼商队，人们把体弱的骆驼放在队列的中间，强壮的骆驼位于队列的前头和末尾。然而由于难以区分这些骆驼，人们就在骆驼身上按 1、2、3 的顺序打上烙印。打烙印时由于疼痛，每头骆驼叫唤 5 分钟。

如果这支商队由 10 头骆驼组成，假设叫唤声不重叠，最少要听到多少分钟骆驼的叫唤声？

难度等级　★★☆☆☆

买剪刀

一天，一个哑巴来到商店买钉子。他先用右手食指立在柜台上，然后左手握拳做出向下敲击的动作。售货员给他拿来了一把锤子，哑巴摇了摇头，于是售货员明白了原来他是要买钉子。哑巴买了钉子后高兴地走了。不一会，商店又来了一个瞎子，他打算买一把剪刀，请问他应该怎么做才能让售货员明白？

难度等级　★★☆☆☆

画中的窗户

A 先生是著名的画家。这一天电视台正在实况转播 A 先生创作大型风景画的全过程，突然画中的窗户打开了，露出一个人头来。

请问，可能出现这种情况吗？

难度等级　★★☆☆☆

沉船逃生

一艘客船在海上遇难，20 分钟后将会沉没。船上有乘客 20 名。船长命令用唯一的一艘定员 5 人的小艇载乘客到附近的无人岛上避难。客船到小岛的往返时间是 9 分钟。附近海里有吃人鲨出没，不能游泳渡海。那么最终将有 15 人能顺利获救。

你觉得这个说法对吗？

难度等级　★★☆☆☆

智取跳板

在两处相隔 8 米远的地点，同时建了两幢距地面高度为 80 米的高层建筑。现在，在一幢楼顶上作业的建筑工人将一块 2 米长的跳板忘在了另一幢楼的楼顶上，他的脚下只有一个 5 米的木梯子和一根 2 米的绳子，此外，什么也找不到。两幢楼的楼顶都很平坦，上空却刮着风速为 30 米/秒的大风。但是，这个建筑工人却轻而易举地把忘在对面楼顶上的跳板搬了过来。

你认为这种事情可能吗？

难度等级　★★☆☆☆

是否高兴

西乡先生走在路上捡到了 500 元钱，旁边的路人说道："恭喜啊，意外之财。"但是西乡先生却说："我一点儿都不高兴。"走着走着，西乡先生又捡到了 200 元钱，这次他自己就说了："我很高兴。"虽然两次捡到的钱都是真的，但是西乡先生为什么两次的态度不同呢？

难度等级　★★☆☆☆

两个电话

有一个朋友打电话向保罗问了一个问题。保罗回答说：“哦，我告诉你吧。”

挂了电话后，过了一会儿，又有一个朋友打电话来，问了他一个几乎一样的问题，这次保罗却回答：“这我怎么会知道？”

保罗跟这位朋友既不是关系不好，也不是在开玩笑。

请你想想，他到底被这两个朋友问了什么样的问题？

难度等级　★★☆☆☆

摆三角形

有 3 根木棒，分别长 3 厘米、5 厘米、12 厘米，在不折断任何木棒的情况下，你能够用这 3 根木棒摆成一个三角形吗？

难度等级　★★☆☆☆

孪生姐妹

丁丁告诉我这样一件怪事：有一对孪生姐妹，姐姐出生在 2001 年，妹妹出生在 2000 年。

你说可能吗？

难度等级　★★☆☆☆

买　票

我打算买一张地铁票，于是给在窗口卖票的小姐递了 5 元钱，她问我是不是买联票（有两种票：一种为 5 元的联票，一种为 3 元的普通票），可是我后面的人同样递了 5 元钱买票，卖票小姐却什么也没有问，给了那人一张联票。

请问，这是为什么？

难度等级　★★☆☆☆

赛　马

有甲、乙、丙、丁 4 匹马赛跑，它们共进行了 4 次比赛。结果是甲快乙 3 次，乙又快丙 3 次，丙又快丁 3 次。很多人会以为，丁跑得最慢，但事实上，丁却快甲 3 次，这看似矛盾的结果可能发生吗？

难度等级　★★☆☆☆

预测机

人工智能专家发明了一个预测机，任何一个人都可以问它：一小时之中会不会发生某件事。如果预测机预知这件事会发生，就亮绿灯，表示“会”；如果亮红灯，就表示“不会”。这个机器一经推出受到很多人的欢迎，特别是警察局的警员，因为这样可以减轻他们的工作任务，只有局长不高兴，因为他知道预测机根本就不可靠，用一句话就可以验证。

那么，你知道局长想到了一句什么话吗？

难度等级　★★☆☆☆

切煎饼

张师傅是一个烙煎饼的。有一次，一位顾客说家里来了很多客人，所以他想请张师傅尽最大努力把一张煎饼切成 8 块，但只能切三刀。张师傅真的用三刀把顾客的要求满足了。你知道张师傅是怎么切的吗？

难度等级　★★☆☆☆

信封内的当天早报

一天早晨，王强收到一封让他大吃一惊的信，信封上的邮戳是两天前的，信口封得很严密，可是信内装的却是这天早上的报纸。如果不是乘坐时空飞船到未来世界，这样的事情根本不可能发生。但是经过一番思考，他解开了这个谜。

你知道谜底是什么吗?

难度等级　★★☆☆☆

哪座钟坏了

在某城市，有10座钟发生故障，时快时慢时，就会有10个人到钟表店修理坏钟。在同一城市，当5座钟发生同样故障时，就有5个人到钟表店修理坏钟。可是仍在同一城市，只有1座钟发生故障时，却有无数的人来到钟表店里修理钟表。

请问，这到底是怎么一回事?

难度等级　★★☆☆☆

航船比速

圆圆和芳芳分别驾驶一艘电动船，小船驶过的水面留下了夹角不同的波浪线。

她俩谁的船航行得快呢?

难度等级　★★☆☆☆

奇怪的折纸

小林把一张细长的纸折成两半，结果一边比另一边长了1厘米。反过来重折一次，这次是另一边长了1厘米。

那么，这张纸正中折起的两条痕迹的间隔应该是几厘米？

难度等级　★★☆☆☆

鱼　饵

小明的爸爸很喜欢养鱼。在他家透明的水缸里，漂亮的鱼儿游来游去快乐极了。不过，小明却发现了一件百思不得其解的事。水缸里有两种鱼，可是，爸爸每次只买一种鱼吃的饵料。

这是为什么呢？

难度等级　★★☆☆☆

神秘之物

有一个东西，它一旦消失，9天之内再不会出现；当下一次再消失时，又在2天后出现，然后又消失；之后，一般是10天后再现，一年只有一次是8天或9天后再现。这个东西就在我们身边。

请问，它是什么？

难度等级　★★☆☆☆

外星人的描述

外星人在观察了地球人的生活工作状况之后，说了这样一番话：“在纸上打个眼，而且同时为了便于知道这个眼在什么地方，就在它周围用线圈起来，这真是神奇的工具呀……”

你知道外星人到底在描述什么东西吗？

难度等级　★★☆☆☆

简易计量法

这里有一个有100cc刻度的药瓶。里面装有100cc的药水，我们不知道瓶中的空隙还能装进多少药水。

请问，不借助任何工具，怎样才能知道药瓶还能装入多少药水？

难度等级　★★☆☆☆

高兴的事

一天，安田先生在收拾抽屉的时候找到了一个以前买的东西。虽然从来没有用过，但是这个东西却已经过期了。安田先生买的时候花了很多钱，但是他在把这个东西扔掉时却一点儿都不难过，还很高兴。

这究竟是为什么呢？

难度等级　★★☆☆☆

跷跷板

夏季的某一天，在跷跷板上进行了一个平衡实验。跷跷板由一方的西瓜与另一方的冰块保持平衡。

如果此后没有人再去碰跷跷板，跷跷板会怎样？

难度等级　★★☆☆☆

答　案

口中的烟

有可能。可以认为卡马霍克嘴里含着嚼烟。烟草中除了普通的卷烟之外，还有烟丝、鼻烟、嚼烟等。其中，鼻烟和嚼烟是不需要点火的。

奇怪的公路

会。去的时候是右转弯的话，回来肯定是左转弯，左右的转弯次数按理是一样的。但如果是单行道的话，左右转弯的次数则会有差异。

过桥洞

只要给汽车轮胎放气，让汽车的高度降低 1 厘米，就可以安全地通过桥洞了。

鸡蛋不破

可以。只要将生鸡蛋的高度拿到 1 米以上，然后让鸡蛋自由下落，当它下落了 1 米的时候，并没有碰到地面，当然不会破。

取出药片

很简单，只要把瓶塞按到药瓶里面去，就可以取出药片了。

还剩几只兔子

还有 2 只。一只是死的，另一只就是那只奄奄一息的，其他的都跑了。

哪颗星球

地球。在地球上你随便往上空扔一块石头，它都会回来的。

火车的位置

当然在铁轨上。

剩下的蜡烛

3 根。就是那被风吹灭的 3 根，其他的都烧完了。

购　物

眼镜框。如果不戴隐形眼镜，就不能确定买的镜框是否合适。

空水壶

可以把水倒出来，题目并没有这么限制。

无恙的方糖

因为方糖是掉在红茶的茶叶罐里。

渡边的体重

可能。在他刚刚出生的时候。

自杀未遂

可能。迎面而来的两个前灯分别是两辆车的，这两辆车从他两侧通过。

下水道井盖

圆形的盖子绝对不会掉进下水道。如果是正方形或三角形在盖盖子或开盖子时都会有掉进下水道的可能，如图所示。许多我们平时看惯了的形状，实际上都隐藏着非常重要的意义和法则。比如说，铅笔做成六角形，是为了防止在桌面上滚动。用敏锐的眼光去透视这些形状的意义，就能在日常生活中获得很多的智慧。

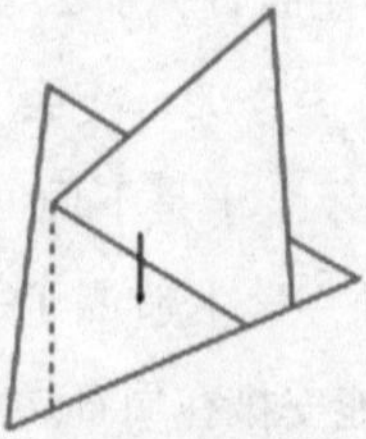

正三角形

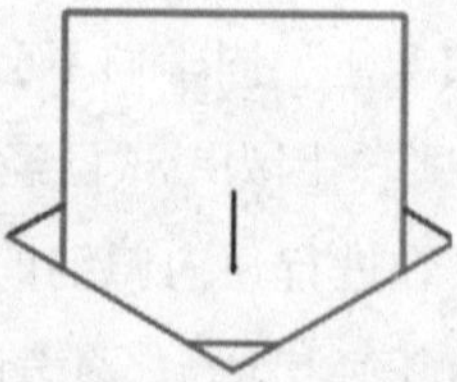

正方形

现代斯芬克斯之谜

在 0 和 1 之间加进一个小数点，使它变成 0.1。

羊吃草

绳子的一头虽然拴住了羊脖子，但是另一头并没有拴在树上。所以羊是自由的，能够吃到牧草。

奇怪的价格

比方说每一串肉丸上串有 5 个肉丸，一串 30 元，吃两个剩一个也必须付 30 元。这是计价的单位造成的。这类实例很多。如果能领悟到 30 元、60 元不光是抽象的数量，而且也是具体物品的单价，就能找到解决问题的头绪。

考试日期

学生的推理是这样的：考试不能安排在周日，因为周日是最后一天，同学们这天早上知道一定会考试；如果周日不考试，那么周六也不行，因为大家在这天早上也会知道要考试；以此类推，这周的每一天都不可以考试。这个推理会引申出这样的判断："如果必然有一次考试，那么它不能在任何一天进行。"很明显这是违反直觉的，被称为预言悖论。

围绕这种悖论有各种各样的争论和解决方案，但是有一种最简单：既然学生们在周三早上认为不会考试，那么他们显然不知道这天一定会考试，所以考试就可以进行了。只要考试不安排在周日，那么学生的推论都站不住脚。因为在周日早上，同学们不会认为“今天一定会考试”，而是认为“今天一定不会考试”，因为考试已经结束了。于是下面的推论也就无法进行了。也就是说，在进行逆向归纳的时候，学生遗漏了一个重要的条件：如果周日之前没有任何考试，那么考试不能安排在周日。

井底之蛙

8次。不要被题中的枝节所蒙蔽，每次跳上3米滑下2米实际上就是每次跳1米，因此10米花10次就可全部跳出，这样想就错了。因为跳到一定时候，就出了井口，不再下滑。

奇怪的礼物

小涛送给小明的是一个足球。

水　手

其实问题是如此简单，这位小伙子穿着水手制服。我们常常被一些无用的数字信息所蒙蔽。

胡萝卜汁哪去了

因为约翰仰着头、张着大嘴巴把倒下来的胡萝卜汁全部喝光了。

怎么过桥

用比桥面长的钢索，系在前面与后面的两辆汽车之间，这样二者就不会同时压在桥上，便可以顺利通过大桥。

糊涂的答案

老年人和年轻人是父女关系。之所以很多人对此题久思而未得其解，那是因为自己陷入了逻辑思维障碍陷阱，错误地接受了题目的心理暗示，认为那个年轻人是男性。其实题目中没有任何条件规定年轻人须是男性。

汽车大赛

仍然是12.56米。因为外轮与内轮的间距为2米，所以不论怎样的圆周，差距都是外侧圆周和内侧圆周的直径差乘以圆周率，即$4\times\pi$（3.14）$\approx$ 12.56，直径差是不会发生变化的，因而周长差与圆的直径大小无关。

喝咖啡

一杯咖啡。

寻找出发点

他的出发点在北极。

猜准扑克牌

掀开看。只要没有所谓的特异功能，不掀开看是不可能猜中的。也许你会从“一猜就中的方法”这些字眼着手考虑，可是，问题里并没有给这些条件。要回答这种一眼看上去凭直觉便知道是不可能的问题，关键是找出回答它的条件。

奇怪的交通工具

小赵乘坐的是跳伞用的飞机。途中，其他人都从机上跳伞了，只有小赵又坐着飞机返回了，所以人们说他“太不勇敢了”。机上的另一个人是驾驶员。

谁的照片

如果你的答案是“照片上的人是他自己”，那你就错了。你可能会这么想，他既没有兄弟，又没有姐妹，他父亲的儿子，当然是他自己。这里，你错误地接受了心理暗示，而没有仔细看条件。根据条件，他父母的儿子，也就是他，并不是照片上的男人，而是照片上的男人的父母，也就是说，他是照片上男人的父亲。因此，照片上的男人，是他的儿子。

圣彼得堡的飞艇

飞艇降落在圣彼得堡的东边。因为地球是球形，越向北经线越接近。飞艇从圣彼得堡向北飞500千米，向东飞500千米，向南飞500千米，再向西飞500千米。最后降落在圣彼得堡的东边，离列宁格勒约77千米的地方。飞艇飞行与步行的性质不同，因为步行的距离短，不受经度线的影响。

笔直的烟

有可能。如果风与船既同向又同速，对于船来说，就和没有风，船停着不动时冒烟一样，烟会笔直上升。

妈妈的好办法

能。将香蕉、苹果、草莓做成饮料，这样3个人就可以喝到等量的3种水果的混合饮料了。要考虑到物质形态的相互转化，这种思考方法是训练直觉力的基本要求。

孤独的沙漏

杨先生是宇航员，这回的工作地点是失重的宇宙空间，沙漏计时器无法使用。被语言所迷惑，就有可能看不清事物的本质。如果能做到不受“沙漏计时器”、“刷牙”等日常生活用语的束缚，凭借直觉力就能答出此题。

失误的妙计

原来百合小姐没想到自己竟会看不清指示棒所指示的位置。

神枪手

老田发射的子弹总是在600米内就射中了猎物，他是个很棒的猎人。

用何种语言

能。用汉语转告就行。

奇怪的钟

这是修钟的人的失误。修理时，他把分针和时针弄颠倒了。

骆驼商队

45分钟。一开始人们往往容易理解为$5 \times 10 = 50$，应听到50分钟骆驼的叫唤声。但是实际上只听了45分钟。因为烙了9头后，剩下的一头不用烙就能与其他骆驼区分开来了，所以，只需在9头骆驼身上烙印即可。

买剪刀

瞎子可以说话，只要说出来就行了。

画中的窗户

有可能。如果画家在房子的墙上画壁画，那么房子的窗户就成为画里的窗户了。

沉船逃生

这种说法不对。获救的应是13人。因为返航的小艇上需要一个驾驶员。

智取跳板

建筑工人从那幢楼乘电梯下来之后，从另一幢楼的正门进去，乘电梯上楼顶取回跳板。

是否高兴

因为西乡先生自己丢了700元钱，刚刚还为找不到那200元而着急呢，怎么能高兴起来？

两个电话

这个问题的答案有好多种。例如在晚上11点57分左右，第一个朋友问他："今天足球赛的结果如何？"然后过了12点进入新的一天，另一个朋友打来电话问同样的问题。

摆三角形

很简单，完全可以摆成一个三角形。题目并没有要求3根木棒必须首尾相接。

孪生姐妹

丁丁没有撒谎。姐姐是在2001年1月1日出生在一艘由西向东将过日界线的客轮上，而妹妹则是在客轮过了日界线后才出生的。那时的时间还是处在2000年12月31日。所以，按年月日计算，妹妹要比姐姐早1年出生。

买　票

地铁票分为5元的联票和3元的普通票两种，我拿的是一张5元的纸币，因而会被问买哪种票。后面那个人虽然也拿了5元，但不同的是，他手里拿着一张1元和两张2元的纸币，不用问肯定是联票。如果他要买普通票的话，就不必再拿另一张2元的纸币了。

赛　马

这样的结果是可以发生的：

第一次：甲、乙、丙、丁；

第二次：乙、丙、丁、甲；

第三次：丙、丁、甲、乙；

第四次：丁、甲、乙、丙。

预测机

局长说："预测机下一个预测结果会亮红灯。"如果预测机亮红灯表示"不会"，那么预测机就预测错了，因为事实上它已经亮起了红灯。如果它亮绿灯表示"会"，这也错了，因为实际上亮的是绿灯，而不是红灯。这样预测机就预测不准确了。

切煎饼

第一刀和第二刀是相交垂直的切，就切成了4块，然后把这4块煎饼叠起来，用第三刀把它们一分为二，就成为了8块。

信封内的当天早报

寄信人先用铅笔在信封上的收信人处轻轻写上自己的姓名、地址，然后放进一些纸张寄出去。第二天信就被寄回来。

他再把铅笔写的字擦掉，用钢笔写上王强的姓名。到第三天他把晨报放进信里封好后，拿到王强家，投进他家的信箱。这是推理小说中惯用的手法之一。

哪座钟坏了

发生故障的那座钟是电台或电视台的报时钟，或者是钟楼上的大钟。当人们看到它时，只会认定是自家的钟出了问题，因而全城的人都到钟表店修钟。

航船比速

产生波浪线夹角小的船航行得快。

奇怪的折纸

答案是 1 厘米。把 1 厘米厚的火柴盒扯开铺平后再思考的话，就很容易明白了。回答这个问题也需要靠直觉，从日常生活中汲取灵感是强化直觉力的重要手段。

鱼　饵

一种鱼是另一种鱼的饵料，小明的爸爸只需买一种鱼的饵料就行了。鱼或某些动物，成为别的鱼或其他动物饵料的种类总是相对较多。因此其存在总数就多，越强大的动物成为食饵的可能性越小，所以它的数量也就越少，这是自然规律。

神秘之物

这个东西就是用于表示日期的数字“1”。“1 号”之后没有带“1”的日期，直到 9 天后“10 号”出现。再之后直到“19 号”为止都带“1”，在“19 号”之后夹了个“20 号”，两天后到“21 号”，再一次出现“1”，然后一直到 10 天后的“31 号”或“1 号”。一年只有 2 月份的日子少，所以一年中只有一次是 8 天或 9 天后再现“1”。

外星人的描述

就是圆规呀！日常生活中的即使非常熟悉的东西，如果换个角度看就会有意外的发现。

简易计量法

只要把盖着瓶塞的药瓶倒转过来，再看看刻度便一目了然。

高兴的事

安田先生找到的东西是受伤或者生病时用的药。不使用药物，说明很健康，当然是好事了。

跷跷板

跷跷板将恢复原状。因为冰块开始融化后，跷跷板的平衡状态被破坏，西瓜便会翻滚落地，跷跷板从而倾向冰块一方。但过不了多久，冰块会完全融化，跷跷板便恢复原状。在探索某个问题时，每当闯过一关，我们的心情就会出现放松现象。这道题要得出正确答案会出现两次放松现象。一次是冰块融化变轻，另一次是西瓜落地。在紧张思考的过程中，这就是陷阱。所以在似乎得出答案的时候，还必须有意识地努力去想想还有没有其他问题。

观察判断能力

判断离不开观察，观察是做出判断的基础。培养细致敏锐的观察判断能力是启动大脑，训练智力的重要内容。本章内容中既有检验大家在日常生活中对周围事物观察的细致程度的，也有训练大家对平面视图的判断能力的。相信广大青少年朋友在阅读了本章内容以后，观察判断能力一定能够得到很大的提升。

相交的直线

我们都知道 2 条直线相交于 1 点；3 条直线最多可以相交于 3 个点；4 条直线最多可以相交于 6 个点。

如下图所示的 5 条直线相交于 9 个不同的点。你能否画出 5 条直线交于 10 个点？5 条直线最多可以相交于几个点呢？

难度等级 ★★★☆☆

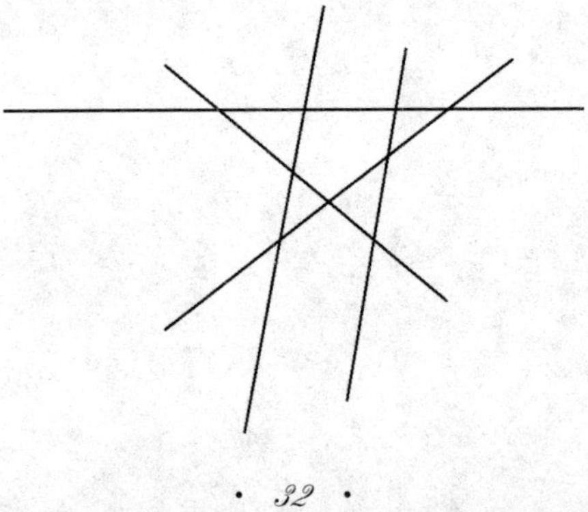

改变楼房形状

马林和朋友小军在阳台上玩火柴游戏，他看见窗外的楼房，就用火柴摆了两个楼房的模型，如下图所示。小军看后对他说：“移动其中的 4 根火柴，就能让这个大楼房变成两个不一样大的正方形，你知道怎么移动吗？”

难度等级　★★★☆☆

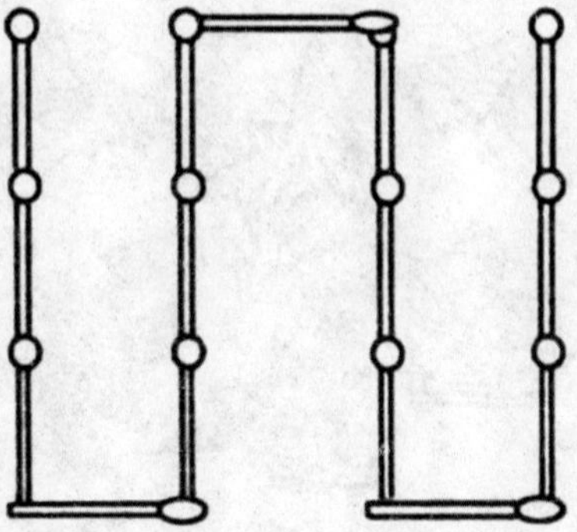

正方形的面积

一个边长为 5 厘米的正方形，它的内部还有一个正方形，如图所示。你能快速说出中间那个正方形的面积吗？

难度等级　★★★☆☆

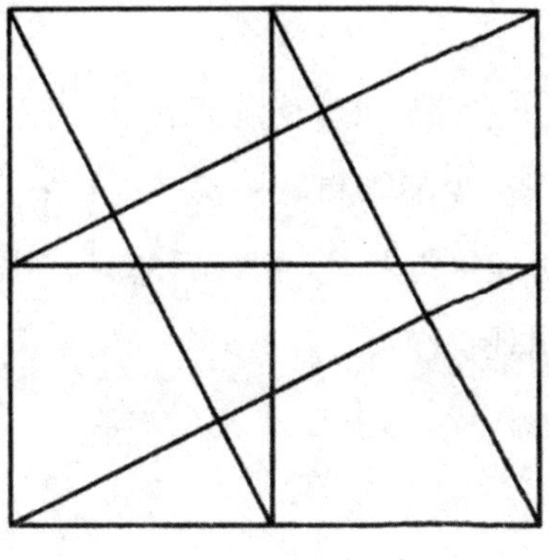

拼正方形

在下图所示的各个图形中，有 4 块图形组合起来，可以拼成一个正方形。

你知道是哪 4 块吗？

难度等级　★★☆☆☆

最后一点

如图所示，有 17 个点，如果将任意两点用一条比点粗的直线连接起来，最后应可以让每一个点至少都能和另一点连接起来。可是据说有人这样做了，尽管把所有的点都连接起来了，但最后却剩下了一个点。

这种事情有可能出现吗？

难度等级　★★☆☆☆

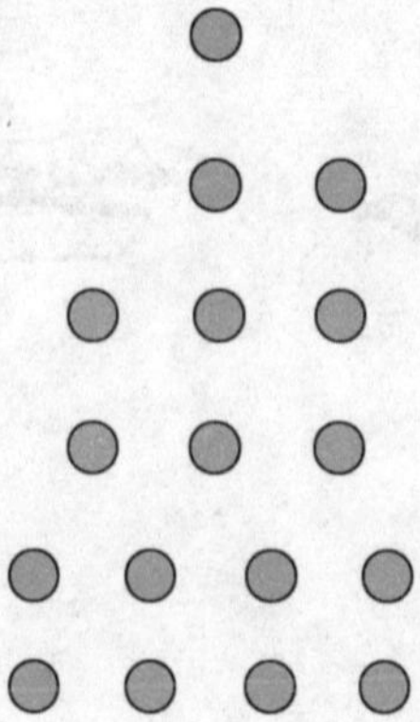

奇妙的形象

在如图所示的一系列图画中，每一幅图都包含 2 种不同的画面。你能将它们找出来吗？一定要集中注意力进行观察哦！

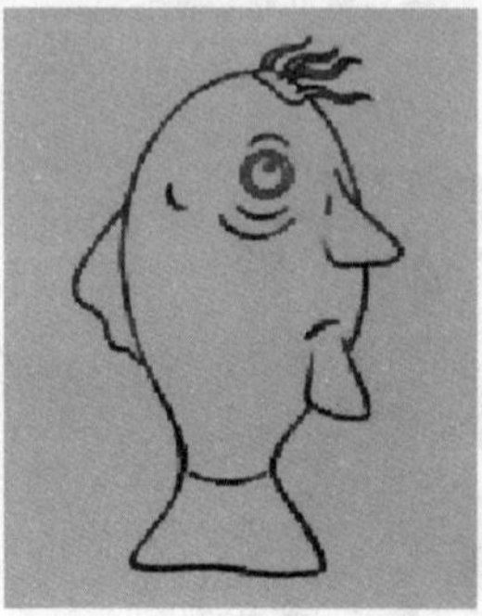

(1)

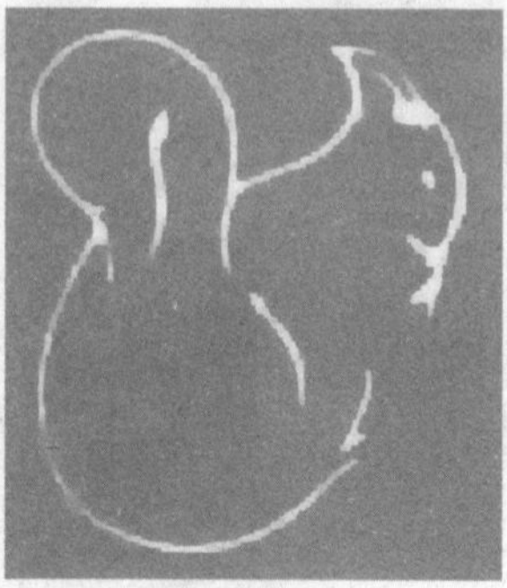

(2)

(3)

(4)

(5)

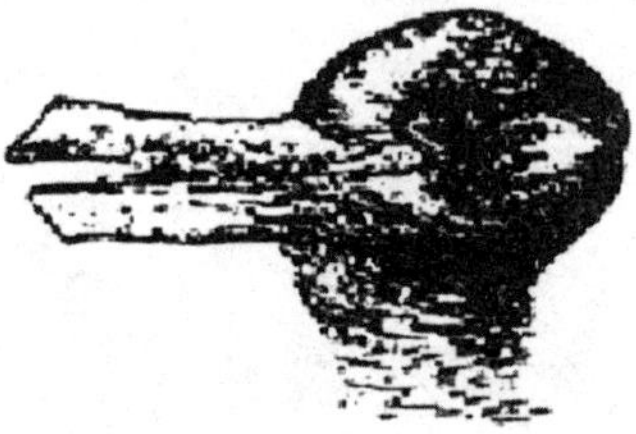

(6)

难度等级　★★☆☆☆

能穿洞的立体物

如图所示，在一块厚板上有4个洞，当一个立体物穿过这些洞时，不论是哪个洞，都能没有缝隙地正好穿过。

请问，这个立体物究竟是什么东西？

难度等级　★★☆☆☆

12根火柴

一共有12根长度相同的火柴。不准折断，最多可以组成几个正方形？

难度等级　★★★☆☆

两个水壶

如图所示，有两个水壶，它们的底面积和高度都相等。现从上方往壶中注水。

请问，哪个壶装的水更多？

难度等级　★★☆☆☆

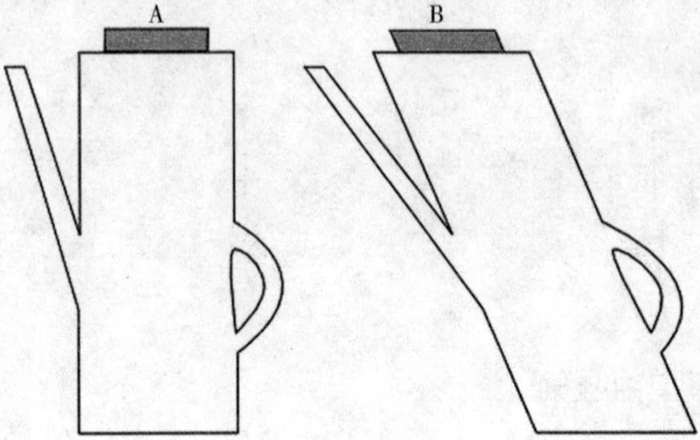

分割立方体

有一个六面全是黑色的立方体，有人从纵横方向将它均匀分割成 27 个小的立方体。

符合下列条件的小立方体各有多少？

（1）3 面黑；

（2）2 面黑；

（3）1 面黑；

（4）无色。

难度等级　★★★☆☆

十字图形

仔细观察下图，想一想接下来该是哪个十字图形。

难度等级 ★★★☆☆

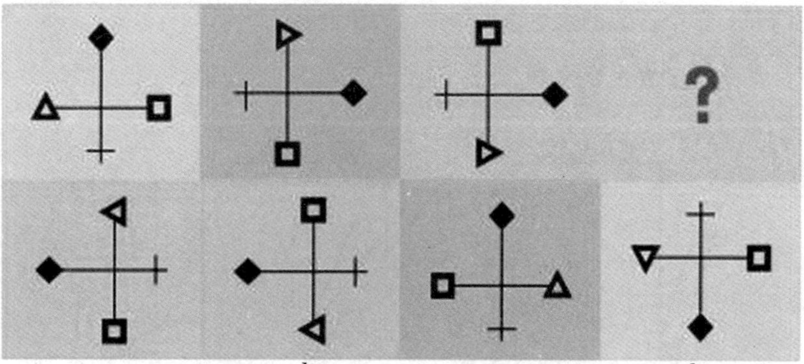

a b c d

哪座钟准确

在一家钟表店里，放有 5 座时钟，但只有一座时钟的时间是准确的。如图中 A、B、C、D、E 与 a、b、c、d、e 为同样 5 座时钟，但是摆放顺序不同。它们显示的时间为相邻两天的同一时间。

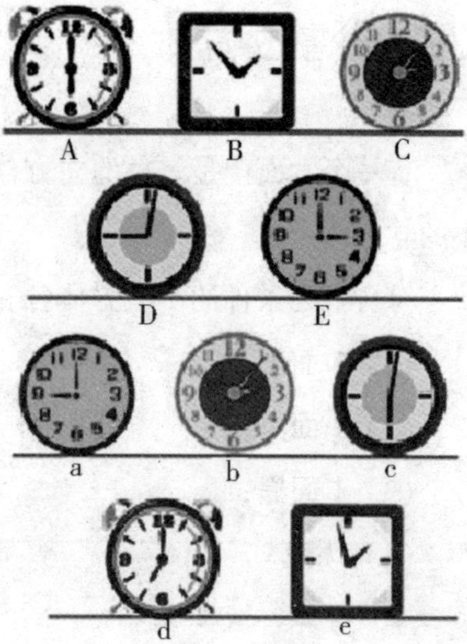

哪座时钟的时间是准确的呢？

难度等级 ★★★☆☆

比大小

请你仔细观察后回答，下图所示的两个图片中，哪个的阴影部分大些？

难度等级　★★☆☆☆

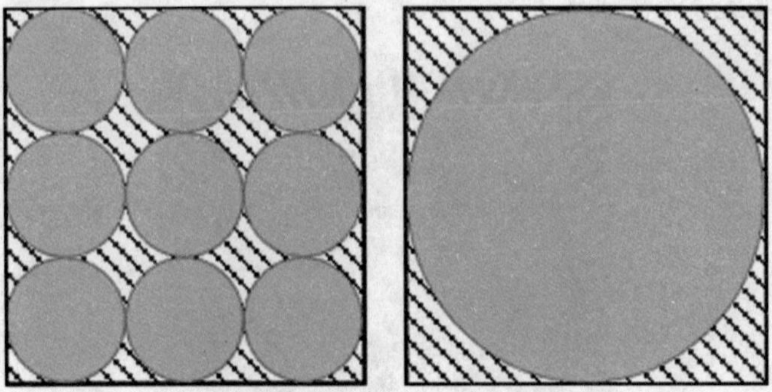

黑白天平

下图中有 7 座天平，其中一座与其他 6 座不同，区别不在于形状，而在于黑砖、白砖的重量。

你能找出是哪座吗？

难度等级　★★☆☆☆

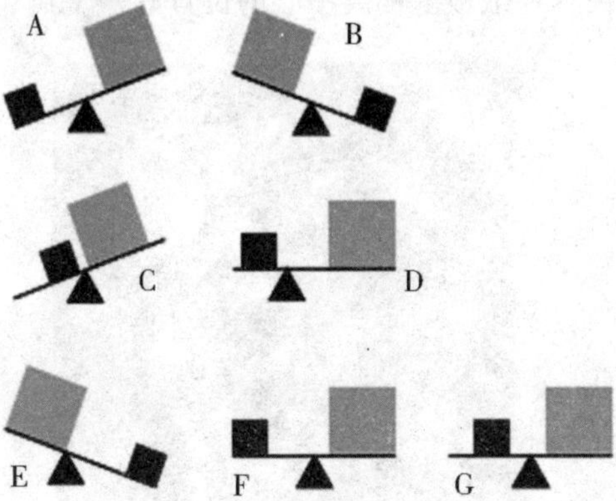

旋转的圆圈

下图是一张视错觉图，它是巴黎一位著名艺术家受到视幻艺术的启发所创作的。如果你盯着这些同心圆看，你会看到什么？

难度等级 ★★☆☆☆

神秘的洞

谜题大师约翰·P·库比克为了对自己的能力加以证明，向人们展示了一张正方形的纸板，在纸板上偏离中心的位置有一个洞，如图所示。“通过

将这张纸板剪成两部分，并且将这两部分重新排列，我就能把这个洞移到正方形中心的位置上。”

你能想出他是怎么做的吗？

难度等级　★★★☆☆

狗熊的足迹

下图中有重大错误，你能指出来吗？

难度等级　★★☆☆☆

变形图案

下图中的 4 个变形而来的图形中，哪个与原始图形相符？可忽视线条长度。

难度等级　★★☆☆☆

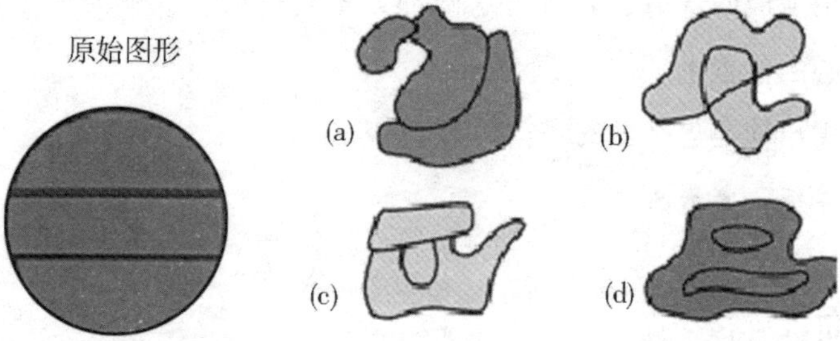

异样的立方体

下图中四个立方体，有三个是完全一样的，另一个有点异样。你能把这个异样的立方体找出来吗？

难度等级　★★☆☆☆

鱼形图案

你能数清下图所示的组鱼形图案中有多少个三角形吗？

难度等级　★★☆☆☆

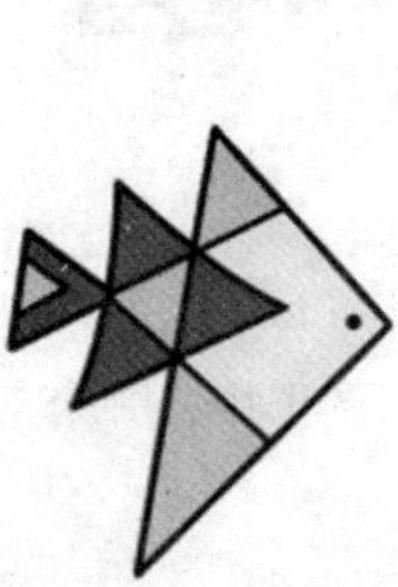

送通知

某乡管辖21个村庄，分布如图所示。每个村分别用数字表示，连接的线表示村与村之间的道路。有一次开紧急会议，通讯员从乡政府出发，到各村去通知。

你能设计出一条最短且不重复的路线吗？

难度等级　★★★☆☆

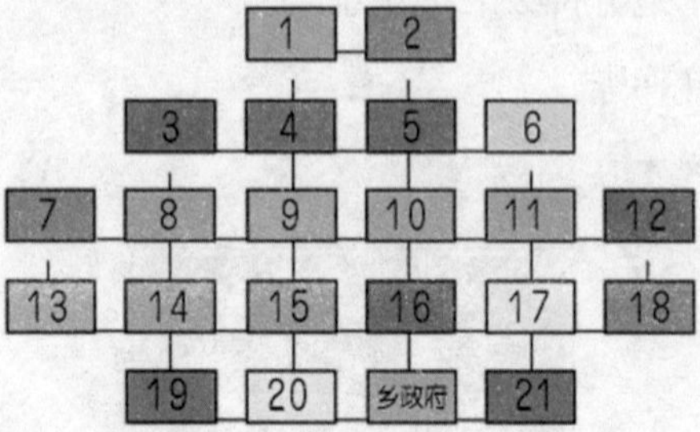

上学的路线

右图是一张街道道路示意图，小马的家住在A点，学校在B点。每天，小马走最近的路线去上学（不走回头路）。

请问，一共有多少种不同的走法？

难度等级　★★★☆☆

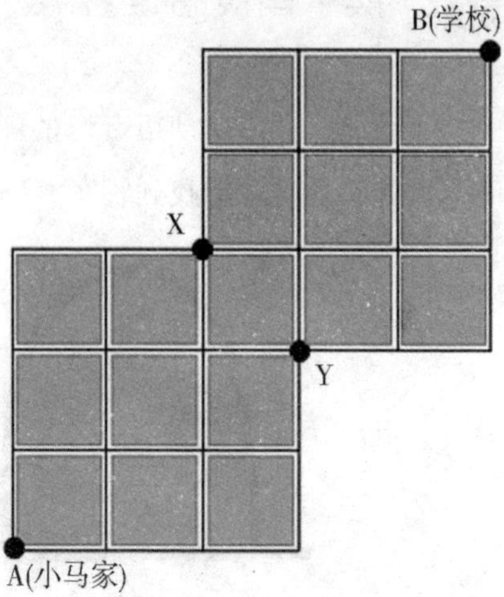

布娃娃换位子

小莉有 5 个布娃娃，被她称做老大的布娃娃想换一下自己在玩具柜中的位置，老二和气地说：“我和你换吧！”老三也喊到：“我早就住烦了，我要搬家！”老四说：“那我和你换吧！”

布娃娃的位子如图所示。

现在 6 个地方只有一个是空的，每个地方都留有门，换的时候只许从门进出，且不能在一个地方挤 2 个布娃娃。

这些玩具该怎样换呢？

难度等级 ★★★☆☆

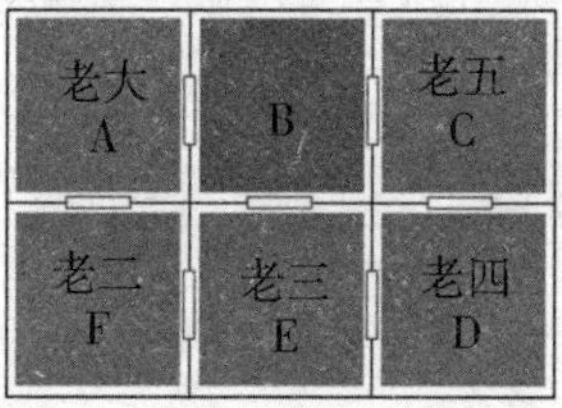

换个角度看世界

下图是一些简单却很奇怪的图画。想要看明白它们，你得稍微改变一下老眼光，这样才能找到答案。

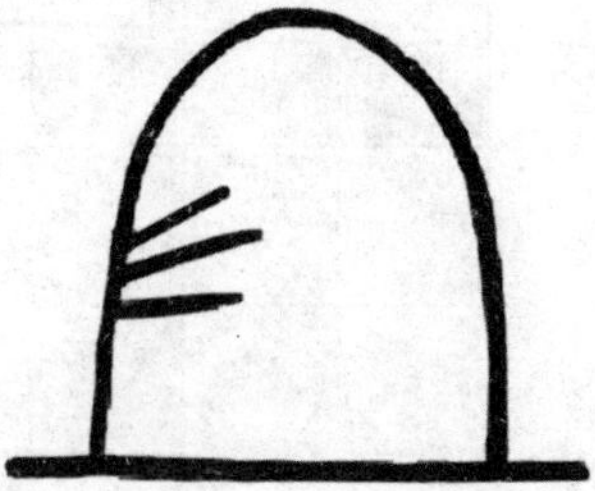
(1)

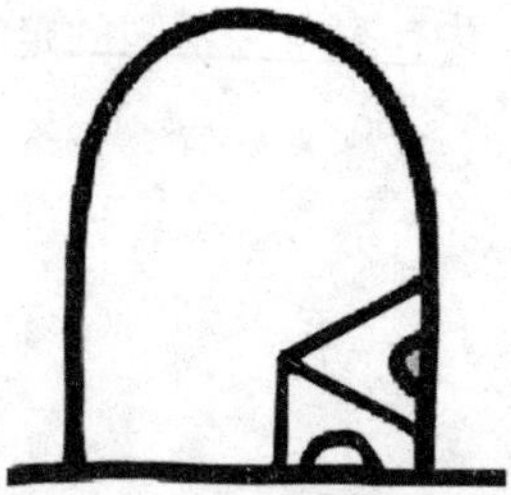
(2)

(3)

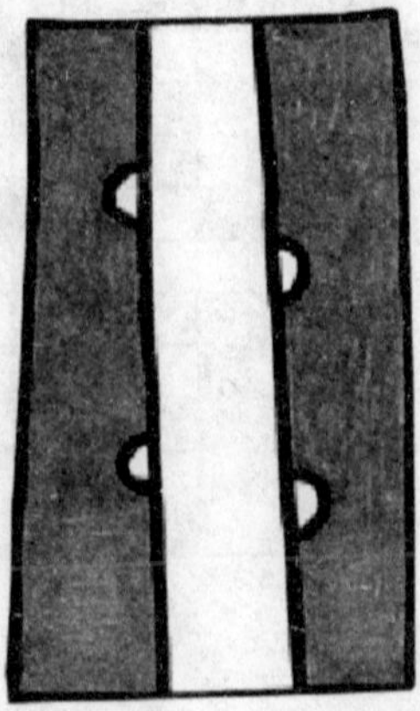

(4)

(5)

你知道这些图案表达的是什么吗？

难度等级　★★★☆☆

考眼力

在下图中的 A、B、C 三幅图中有两幅图可以组成与“样图”一样的图案，你能迅速找出是哪两幅吗？

难度等级　★★☆☆☆

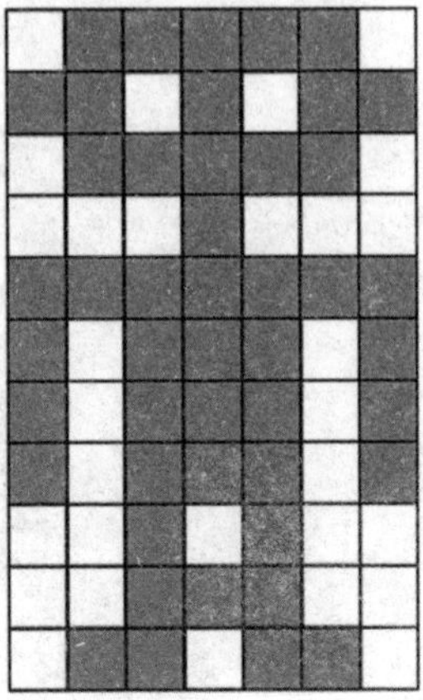

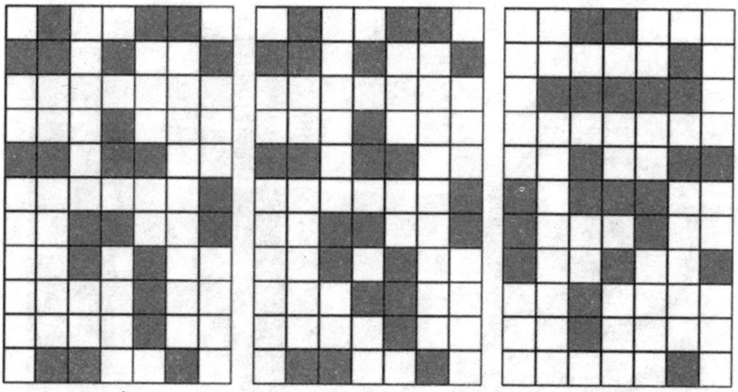

A　　B　　C

识别图形

下图中图形之间都有关联的地方，但有一个是与众不同的，你知道是哪个吗？

难度等级　★★☆☆☆

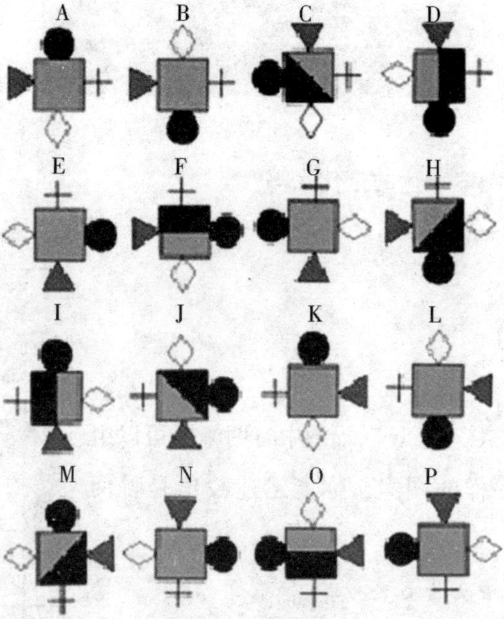

挑钥匙

小亮的爸爸是动物园的管理人员。一天，小亮把爸爸动物园大门的钥匙和其他钥匙弄混了。

已知大门钥匙是两把相同的钥匙，你能尽快从图中的一堆钥匙中将它们找出来吗？

难度等级　★★☆☆☆

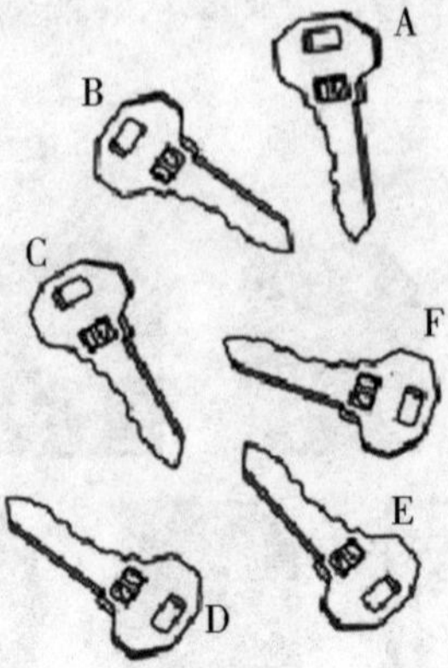

奇怪的图形

你认为需要多少块木板才可以制成如下图所示的图形呢？

难度等级　★★☆☆☆

垒积木

有 9 块积木，每块积木上分别写有 1 至 9 九个阿拉伯数字中的一个，如图所示。

请你在具体操作前做出分析。

（1）如何把它们分成三摞，每摞三块，使得每一摞积木上的数字之和都相等？

（2）如何把它们分成三摞，每摞三块，使得第一摞积木上的数字之和比第二摞多1，比第三摞多2？

难度等级　★★☆☆☆

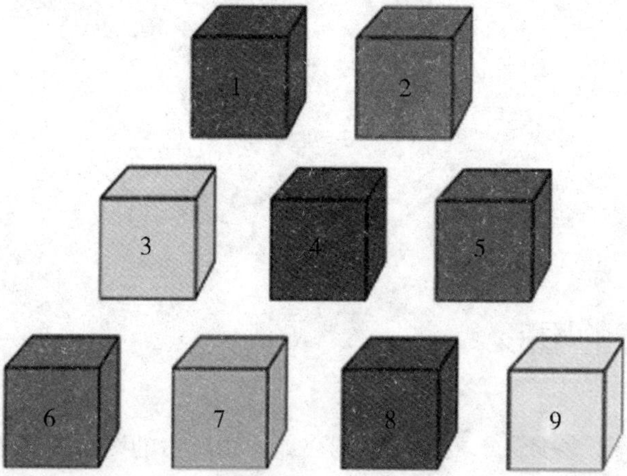

猜猜背面

下图为一个立方体的三个不同角度的 3 张照片。

你能根据这几张照片，判断黑点数为 2 的背面有几个小黑点吗？

难度等级　★★☆☆☆

哪张牌放错了

小丁把 9 张黑桃扑克牌按照下图的样子每 3 张分成 1 组，可是其中好像只有 1 张牌放错了。

你知道是哪张牌吗?

难度等级　★★☆☆☆

正确答案

有 A、B、C 三人回答同样的 7 个是非题。按规定，凡答案是“是”，就打上一个○，答案是“非”，就打上一个 ×。结果发现，这 3 个人都答对了 5 题，答错了 2 题。A、B、C 三人所答的情况如图所示。

请问正确答案应该是什么？

难度等级　★★★☆☆

	1	2	3	4	5	6	7
A	×	×	○	×	×	×	○
B	○	×	×	×	×	○	×
C	○	○	○	○	×	○	○

答 案

相交的直线

要使交点的数目最少并不难：让所有的线都平行。而要交点的数目最多就要难得多了。2 条线只能交于 1 点；3 条线交于 3 点；4 条线交于 6 点，以此类推。

经过反复的试验，你将会找到交点数目最多的解法。所有你需要做的就是避免让任意两条直线相互平行，那么最终任意两条直线都会相交，如下图所示。

所以，对于 5 条直线而言，最多有 10 个交点。

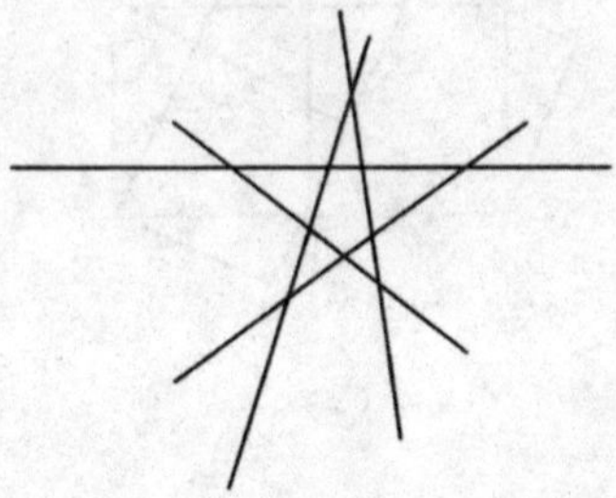

改变楼房形状

答案如图所示。

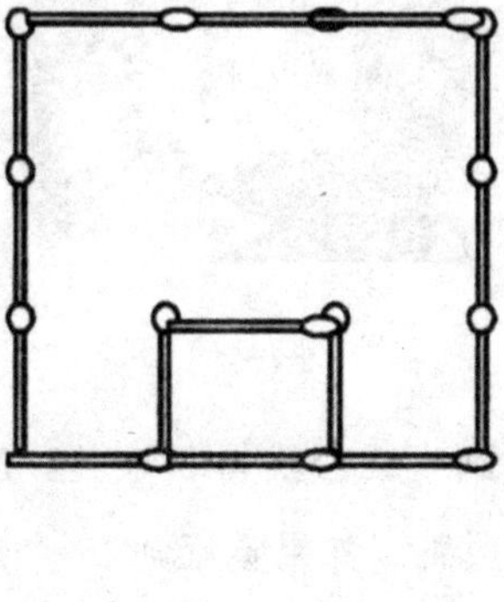

正方形的面积

既然是用最快的速度，那就是要用最简便的方法，所以我们就不要去一步一步地算了。从下面的图形我们可以看出，中间的正方形的四个边分别连接着4个不完整的正方形，那么我们就要想办法将这4个不完整的正方形补齐。

首先我们先看一看多余的那几块三角形，原来，它们正好能补齐这4个不完整的正方形，如图所示，那么，现在问题就很容易解决了！

因此，中间正方形的面积是原来图形面积的1/5，也就是5厘米。

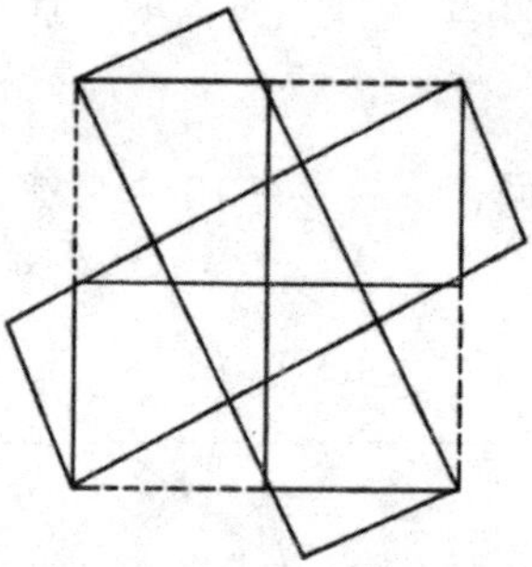

拼正方形

如图所示，3，4，6，8。

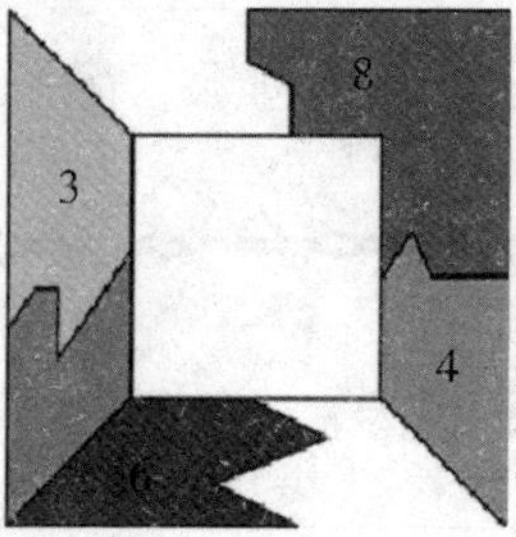

最后一点

有可能。如下图那样画直线，就剩下“点”这个汉字了。解答这个问题需要一瞬间闪现出来的灵感。如果觉察到17个点的位置的重要性，就能找到解决问题的线索了。

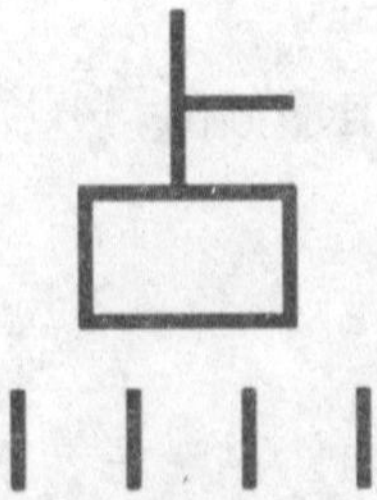

奇妙的形象

(1) 一个可以看到脸的人和一条鱼。

(2) 突出的天鹅的头也是一只大尾巴的小松鼠。

(3) 走进雪屋的爱斯基摩人的背影和印第安人侧着的脸。

(4) 巫婆的鼻子也是年轻女子的下巴。

(5) 往右飞的隼和往左飞的野鹅。

(6) 兔子的耳朵也是鸭嘴。

能穿洞的立体物

是用海绵做成的东西。如果被形状所束缚，就无法解答这个问题。另外“立体物”也是一个陷阱，因为立体物如海绵这类东西也是可以变形的。

12 根火柴

如下图排列，组成 38 个正方形。

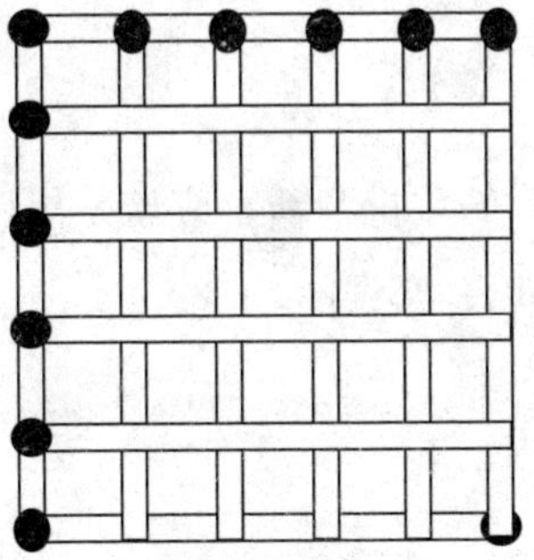

两个水壶

是A。因为B装到一半时便会倾倒。

分割立方体

(1) 3面黑的有8个;
(2) 2面黑的有12个;
(3) 1面黑的有6个;
(4) 无色的只有1个。

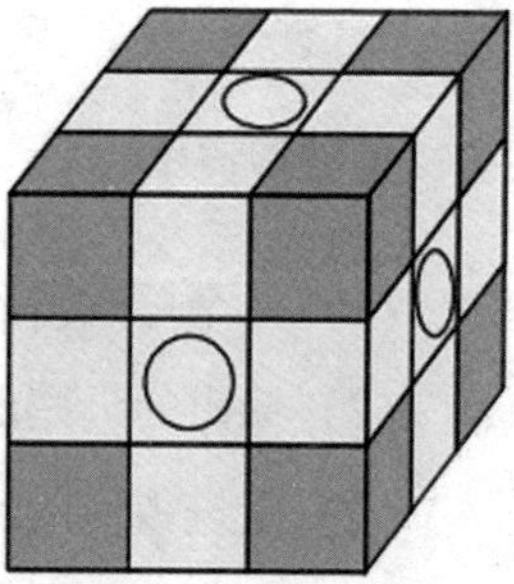

如图所示，8个角上的小立方体是3面黑；各面上有“○”的是1面黑，有6个；最中心的无色，仅有1个；剩下的都是2面黑。

十字图形

答案为选项d。

哪座钟准确

C (b)。因为题中强调是相邻两天的同一时间。

比大小

两图的阴影部分一样大。

黑白天平

F。根据6座天平所示的重量判断，应该是黑砖比白砖重，而F图画的黑砖和白砖重量相等，因而是错误的。

旋转的圆圈

你会看到这些圆圈都在高速旋转。

神秘的洞

沿L形的方向剪下正方形的一部分，然后将其向对角翻转，令有洞的部分居于纸张中心。

狗熊的足迹

仔细观察熊的足迹，你会发现途中左右脚的脚印错位了。观察现象要敏锐。以足迹为题耐心地追踪足迹也是解决问题的一种手段。一说画中有错，人人都会带着问题意识来看这幅画。但是，本题提醒我们不要由别人提出问题，而应该通过细心观察生活中的各种现象去发现问题。

变形图案

答案为选项（a）。

异样的立方体

注意每个立方体中5个黑点的走向，如图所示。第一、第二和第三个立方体的5个黑点的走向都如图A所示，只有第四个正方体的3个黑点的走向如图B所示。因此，异样的立方体是第四个（图C）。

A

B

C

鱼形图案

10个三角形。

送通知

送通知的路线是：乡政府—21—17—18—12—11—6—5—2—1—4—5—8—7—15—14—19—20 一 15—9—10—16—乡政府。

上学的路线

我们将小马上学的路线分成 2 种情况：从 A 出发经过 X 到 B 和从 A 出发经过 Y 到 B。从 A 到 X 共有 10 种不同的走法。这 10 种走法是：

(1) 右、右、上、上、上；

(2) 右、上、右、上、上；

(3) 右、上、上、右、上；

(4) 右、上、上、上、右；

(5) 上、右、右、上、上；

(6) 上、右、上、右、上；

(7) 上、右、上、上、右；

(8) 上、上、右、右、上；

(9) 上、上、右、上、右；

(10) 上、上、上、右、右。

用同样的方法可求得从 X 到 B 也有 10 种不同的走法。因此，从 A 出发经过 X 到 B 的最近路线共有 $10 \times 10 = 100$ 种不同的走法。

与上述情况相似，从 A 出发经过 Y 到 B 的最近路线同样有 100 种不同的走法。

所以，小马上学共有 200 种不同的走法。

布娃娃换位子

老三 E—B，老二 F—E，老大 A—F；

老三 B—A，老二 E—B，老四 D—E；

老五 C—D，老二 B—C，老三 A—B；

老大 F—A，老四 E—F，老三 B—E；

老二 C—B，老五 D—C，老三 E—D；

老四 F—E，老大 A—F，老二 B—A。

换个角度看世界

(1) 一只在老鼠洞门口守候的猫。

(2) 放在老鼠洞门口的一大块奶酪。

(3) 一个小孩戴着太阳帽，穿着花裙子，骑着自行车去兜风。

(4) 一只小熊爬到树上去找蜂蜜。

(5) 一座桥和它在水中的倒影。

考眼力

A 和 C。

识别图形

M 号图形。

挑钥匙

B 和 D。

奇怪的图形

多少块也不可以，这是一个设计有错误的图形，根本不能制作。

垒积木

(1) 答案如图所示。

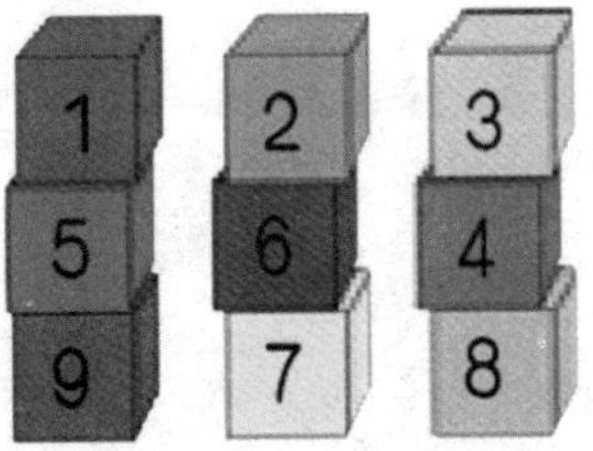

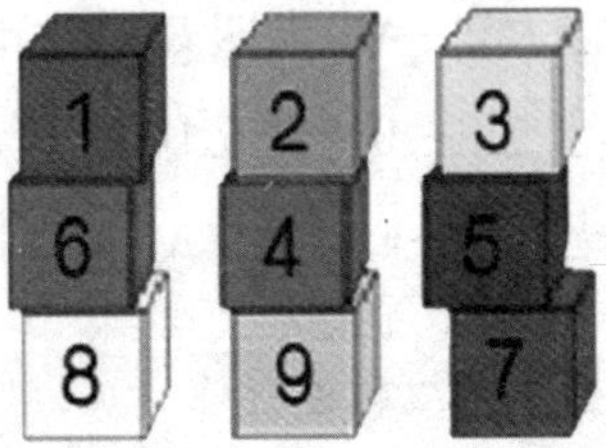

（2）答案如图所示。

找到答案的思路很简单：1～9 九个数字之和是 45。情况 1 中，每摞积木的三个数字之和都等于 15；情况 2 中，三摞积木的数字之和分别是 1615 和 14。掌握了这个特征，就不难找到答案了。

猜猜背面

应为 4 个小黑点。立方体平面图展开如图所示。

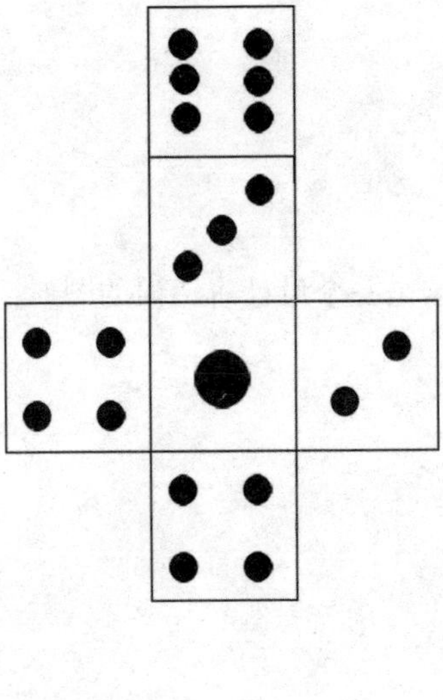

哪张牌放错了

黑桃7。小丁摆的牌，每一组桃柄向下的黑桃都要比反方向的黑桃多3个。所以断定黑桃7上下放反了。

正确答案

由题中可知，5个人都是答对5题，那么，我们可以每两个人地进行比较。对任何两个人来说，尽管他们答对的题号不可能全部相同，但至少有相同的5道题是大家都答对了的。从题目所列表格推知，第2题、第4题和第5题，A、B两人都是答对的；第1题、第5题和第6题，B、C两人都是答对的；第3题、第5题和第7题，A、C两人都是答对的。所以正确答案如图所示。

1	2	3	4	5	6	7
○	×	○	×	×	○	○

分析判断能力

分析判断能力主要考察考生掌握和运用逻辑分析方法的能力，通过已获取的各种消息和综合知识的分析，引出概念、寻求规律，对事物间关系或事件的走向趋势进行合理的判断与分析，确定解决问题的途径和方法。本章内容就是专为提升大家的分析判断能力而设计的。

粉笔盒

有 3 个带盖的粉笔盒，每个盒里都装有两根粉笔。知道其中的一个盒里装有两根白色粉笔，一个盒里装有两根红色粉笔，一个盒里装有一根白色和一根红色粉笔。粉笔盒外的标记有“白、红”“白、白”“红、红”，但与里面装的粉笔颜色全都不符。

要求只能从其中的一个粉笔盒里取出一根来看，用这个办法搞清楚每个盒里所装粉笔的颜色，至少要几次？为什么？

难度等级　★★☆☆☆

移去几根

两个人轮流从一堆火柴中移走 1、2、3、4、5、6 或 7 根，直至移完为止，谁移去最后一根就算输了。

如果有 1000 根火柴，首先移动的人在第一次移去几根才能在整个游戏中保证获胜？

难度等级 ★★★☆☆

过山涧

有一个山涧 4 米宽，下面是万丈深渊。山涧上没有桥，来往的人都是带着木板过桥。一次，一个人带了 3.9 米长的木板，另一人带了 3.1 米长的木板。两个人的木板都太短了，搭不了桥。

他们用什么方法才能够过山涧呢？

难度等级 ★★★☆☆

彩　票

一种奖品为高级小轿车的彩票一共发行了 120 张。

有一对情侣非常渴望得到这辆车，因此购买了 90 张彩票。

请问他们不能赢到这辆车的概率是多少？

难度等级 ★★☆☆☆

掷色子

你的朋友掷 1 次色子，然后你再掷 1 次。

你掷的点数比你的朋友高的概率是多少？

难度等级 ★★★☆☆

数学家座谈会

在一个座谈会中共有 7 位著名数学家出席，其中 3 位有胡子。这 7 位数学家将沿着一个长桌子的一边坐成一条线。

请问3位留胡子的数学家正好相邻坐着的概率为多少？

难度等级 ★★☆☆☆

三个人决斗

汤姆、比尔和迈克三个人准备决斗。他们抽签来决定从谁开始，每个人选一个对手，向他射击，直到最后只剩下一个人。

汤姆和比尔的命中率都是100%，而迈克的命中率只有50%。

谁活下来的可能性最大？

难度等级 ★★☆☆☆

射 击

三个射手轮流射一个靶。但他们可不是什么射击能手。

艾丽丝射5次会中2次。

鲍勃射5次会中2次。

卡门射10次会中3次。

请问在一轮射击中他们至少有一个人射中靶子的概率是多少？

难度等级 ★★☆☆☆

丢掉的袜子

假设你有10双袜子，丢掉了其中2只。请问下面这2种情况哪个可能性更高？

1. 最好的情况：你丢掉的2只正好是1双，因此你还有9双完整的袜子。

2. 最差的情况：你丢掉的2只都是单只，因此你只剩下了8双完整的袜子和2只单独的袜子。

难度等级 ★★☆☆☆

机票的问题

赤道上有 A、B 两个城市，它们正好位于地球上相对的位置。分别住在这两个城市的甲、乙两位科学家每年都要去南极考察一次，但飞机票实在是太贵了。围绕地球一周需要 1000 美元，绕半周需要 800 美元，绕 1/4 周需要 500 美元，按照常理，他们每年都要分别买一张绕地球 1/4周的往返机票，一共要 1000 美元，但是他们俩却想出一条妙计，而不需要花那么多的钱。

你猜他们是怎么做的？

难度等级 ★★★☆☆

倒硫酸

有一只形状不规则的透明玻璃瓶，瓶上只有 10 升和 5 升两个刻度。瓶内盛有硫酸，它的液面在 10 升和 5 升之间，如图所示。硫酸很危险而且极易挥发，所以不能将它倒入量杯等容器里。

现在你能否用简易的办法，从瓶内倒出 5 升硫酸呢？

难度等级 ★★★☆☆

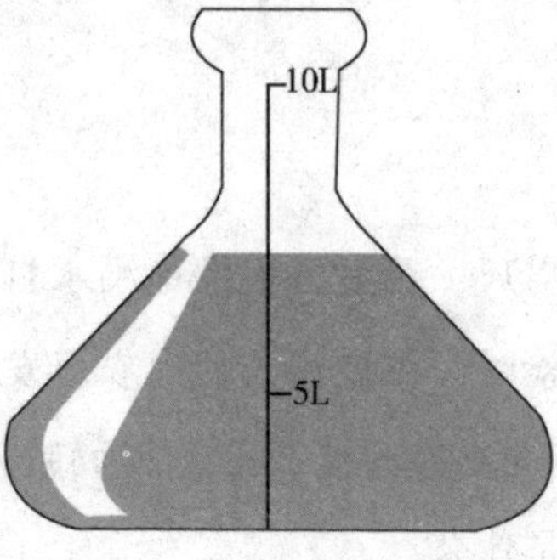

三人赛跑

甲和乙比赛 100 米冲刺，结果甲领先 10 米到达终点。乙再和丙比赛 100 米冲刺，结果乙领先 10 米取胜。

现在甲和丙进行同样的比赛，结果会怎样呢？

难度等级　★★☆☆☆

青蛙也浪漫

池塘中有 10 块等距离排列的露出水面的石头，左侧相邻的两块石头上蹲着青蛙王子和青蛙公主，王子当然很希望自己能和公主蹲在同一块石头上，享受青蛙式的浪漫。不过王子一次能蹦过 2 块石头，落在第三块石头上；公主一次只能蹦过 1 块石头，落在第二块石头上。因为受到魔法的限制，它们只能同时起跳，并且只能始终按一个方向蹦跳，而青蛙公主的蹦跳方向是逆时针的。

那么，为了尽快和青蛙公主跳到同一块石头上，王子应该选择什么方向蹦跳，顺时针还是逆时针？

难度等级　★★★☆☆

蟑螂的启示

湖面上漂浮着一具男尸，看上去很像是溺水自杀。公安人员接到报案后，迅速赶到现场。尸检时，在被害人的内衣里发现了一只蟑螂。刑警队长立刻断定说：“这个人是在室内被杀死，然后转移到湖里的。”

请问，队长的根据是什么？

难度等级　★★☆☆☆

过 关

在古代欧洲某个地方有这样一个规定：商人带着商品每经过一个关口，就要被没收一半的钱币，再退还一个。有一个商人，在经过10个关口之后，只剩下两个钱币了，你知道这个商人最初共有多少个钱币吗？

难度等级 ★★★☆☆

鸭梨怎么分

蕾蕾家里来了5位同学。蕾蕾想用鸭梨招待他们，可是家里只有5个鸭梨，怎么办呢？谁少分一份都不好，应该每个人都有份（蕾蕾也想尝尝鸭梨的味道）。那就只好把鸭梨切开了，可是又不好切成碎块，蕾蕾希望每个鸭梨最多切成3块。于是，这就又面临一个难题：给6个人平均分配5个鸭梨，任何一个鸭梨都不能切成3块以上。蕾蕾想了一会儿就把问题给解决了。

你知道她是怎么分的吗？

难度等级 ★★☆☆☆

狱卒发粥

一个狱卒负责看守众多的囚犯，吃饭分粥时，他必须安排他们的座位。入座的规则如下：

（1）每张桌子所坐的人数必须是奇数。

（2）每张桌子上坐的囚犯人数要相同。

在囚犯入座后，狱卒发现：

每张桌子坐9人，就会多出8人。

每张桌子坐7人，就会多出6人。

每张桌子坐 5 人，就会多出 4 人。

每张桌子坐 3 人，就会多出 2 人。

但当每张桌子坐 11 人时，就没有人多出来了。

请问一共有多少个囚犯？

难度等级 ★★★☆☆

摸石子

国王对一个聪明的家臣说：“这个罐子里有 101 颗大小、重量、手感完全相同的石子，其中黑石子 50 颗，白石子 51 颗。你把眼睛蒙住，从罐子里掏石子。如果掏出的黑白石子数相同，我就赏赐你相同数目的钻石。”家臣想了又想，只听侍女低声说：“不要太贪了，掏出两颗就行，这样，就有 50% 的可能性得到钻石。”

你还有比侍女说的方法更好的方法吗？

难度等级 ★★★☆☆

被地球偷走的煤

有一艘船从俄罗斯的符拉迪沃斯托克运了 6000 吨煤到新加坡，到了新加坡以后，却发现少了 22 吨，可是半路上煤并没有任何损耗或丢失。

你说这种事可能发生吗？

难度等级 ★★☆☆☆

买　杏

有一个老头在卖杏子，价钱是每个杏子 3 角钱，但 3 个杏核可以换 1 个杏子。有几个小孩，他们身上总共只有 3 块钱，但是却通过和老头的交易吃到了 15 个杏子。

请问，他们是如何做到这一点的？

难度等级　★★★☆☆

算年龄

今天是我 13 岁的生日。在我的生日聚会上，包括我共有 12 个小孩相聚在一起。每 4 个小孩同属一个家庭，12 个人分别来自 A、B、C 这 3 个不同的家庭，当然也包括我所在的家庭。有意思的是，这 12 个小孩的年龄都不相同，但都不到 13 岁。换句话说，在 1～13 这 13 个数字中，除了某个数字外，其余的数字都表示某个孩子的年龄。我把每个家庭的孩子的年龄加起来，得到以下的结果：

家庭 A：年龄总数 41，包括一个 12 岁的；

家庭 B：年龄总数 22，包括一个 5 岁的；

家庭 C：年龄总数 21，包括一个 4 岁的。

只有家庭 A 中有两个孩子相差 1 岁。

请问，每个家庭中的孩子各是多少岁？

难度等级　★★★☆☆

夫妻采购

钱德叔叔同莫妮卡婶婶到市里买东西。钱德买了一套衣服、一顶帽子，花了 15 美元。莫妮卡买了顶帽子，她所花的钱同钱德买衣服的钱一样多。然后她买了一件新衣，把他们的余钱统统用光。

回家途中，莫妮卡要钱德注意，他的帽子要比她的衣服贵 1 美元。然后她说道：“如果我们把买帽子的钱另作安排，去买另外的帽子，使我的帽子钱是你买帽子钱的 1/2，那么我们两人所花的钱就一样多了。”钱德说：“在那种情况下，我的帽子要值多少钱呢？”

你能回答钱德的问题吗？这对夫妻一共花了多少钱？

难度等级　★★★☆☆

某城居民

在某城，假设以下关于该城居民的断定都是事实：

（1）没有两个居民的头发数量正好一样多；

（2）没有一个居民的头发正好是 518 根；

（3）居民的总数比任何一个居民头上的头发总数要多。

那么，该城居民的总数最多不可能超过多少人？

难度等级　★★★☆☆

贪婪的书蛀虫

书架上有一套思维游戏书，共 3 册。每册书的封面和封底各厚 1/8 厘米，不算封面和封底，每册书厚 2 厘米。现在，假如书虫从第 1 册的第 1 页开始沿直线吃，那么，到第 3 册的最后一页需要走多远？

难度等级　★★★☆☆

两个家庭

两个家庭分别有 8 个孩子，一个家庭全部是男孩，另一个家庭全部是女孩。由于生男孩和女孩的概率为 50 对 50，那么你认为生 4 个男孩和 4 个女孩比生 8 个男孩或者 8 个女孩的概率要大吗？

生 8 个女孩和生 4 个男孩 4 个女孩的概率分别为多少？哪个更大？

难度等级　★★★☆☆

两个孩子的家庭

一个女人和一个男人各自有 2 个孩子。

女人的孩子中至少有一个是男孩。

男人的孩子中那个年纪大一点的是男孩。

请问女人和男人各自有 2 个男孩的概率相等吗？

难度等级　★★★☆☆

旅行花销

A、B、C、D、E、F 6 人想在旅行地将带去的外币用完，所以要买些东西，不巧，钱不够了，于是 A 和 B 凑钱买了一件；C、D、E 凑钱买了两件与 A、B 同样的东西。5 人的钱都花光了，只有 F 的钱一个子儿也没花，又把它带了回来。当初，6 人所有的钱分别是 15 美元，16 美元，18 美元，19 美元，20 美元，31 美元，但不知谁各有多少。

从这些数字中，你可以推出 F 带了多少钱吗？

难度等级　★★★☆☆

吃荞麦面

小林和爸爸、妈妈去某地游玩时见到了一种长 10 米的荞麦面。爸爸和小林同时开始各吃一条。爸爸吃完时，小林还剩最后 1 米没吃完。当小林和妈妈同时各吃一条，小林吃完时，妈妈也是剩最后 1 米没吃完。

现在，爸爸和妈妈同时吃面条，当爸爸吃完时，妈妈还剩多少没吃完？

难度等级　★★★☆☆

考　试

小王参加考试。试卷上共有 30 道选择题，要求从 3 个答案中选一个，每题各 1 分，15 分以上就及格。从概率上来说，即使胡乱填写，也可答对其中的 1/3，即 10 道，况且小王有绝对信心答对的有 6 道。小王认为，无论如何自己也会及格。

这种想法可能实现吗？

难度等级　★★★☆☆

漆上颜色的立方体

设想你有一罐红漆，一罐蓝漆，以及大量同样大小的立方体木块。你打算把这些立方体的每一面漆成单一的红色或单一的蓝色。例如，你会把第一块立方体完全漆成红色。第二块，你决定漆成 3 面红 3 面蓝。第三块或许也是 3 面红 3 面蓝，但是各面的颜色与第二块相应各面的颜色不完全相同。

按照这种做法，你能漆成多少块互不相同的立方体？如果一块立方体经过翻转，它各面的颜色与另一块立方体的相应各面相同，这两块立方体则被认为是相同的。

难度等级　★★★☆☆

年薪的选择

A、B 两家公司刊登招聘广告，除了下面所列的两点不同之外，其他的条件完全相同。

A 公司：年薪 100 万元，每年加薪 20 万。

B 公司：半年薪 50 万元，每半年加薪 5 万元。

若以三年工作期的薪水高低来选择，应选哪家公司？

难度等级　★★★☆☆

鞠　躬

在日本，表示敬意的传统礼节是鞠躬。我们假设在某一所学校的一个班级里有10名男生和10名女生，还有一位老师。每天早上，学生们每人要向其他男生、女生和老师各鞠一躬。

那么，每天早上他们总共要鞠多少次躬呢？

难度等级　★★☆☆☆

匪夷所思

一天晚上，住在某旅馆里的一位空姐被人枪杀。

凶手是从30米外对面的屋顶用无声手枪射中她的。

窗户是关着的，窗子上有一个弹洞。从这一迹象看，凶手只开了一枪。但奇怪的是，被害者的胸部和腿部都中弹了——大腿被子弹射穿，胸部也留有子弹。这样看来，凶手好像开了两枪。如果凶手开了两枪，那么另一颗子弹是从哪里射入被害者的房间的呢？这颗子弹又在哪里呢？

大家无法回答，于是去请教大胡子探长，他肯定地回答：中了一枪。

大胡子探长为什么这样说呢？

难度等级　★★☆☆☆

检查小球

一家玩具公司生产的一盒玩具球中，有4个小球，每个小球都是按照一定标准的重量制造的。在质检过程中，工作人员发现其中一个小球是次品。现在知道那个次品的重量要比其他合格品的重量重一些。

如果让你用天平只称量一次，你知道如何判断哪个小球是次品吗？

难度等级　★★☆☆☆

需要多少场比赛

某市中学生足球联赛共有 32 支队参加，每场比赛的参赛队配对由抽签决定。比赛采取淘汰制：胜者进入下一轮，败者淘汰出局。

假设没有任何队弃权，那么，为了决出冠军，需要进行多少场比赛？本题可以通过多种方式找到答案，但有一种方式出乎意料的简明、快捷，你知道是什么方式吗？

难度等级　★★★☆☆

需要跑多快

小路从 A 城跑到 B 城的平均时速为 30 千米/小时，准备由 B 城返回 A 城时他说："一定要使往返的平均速度提高到时速 60 千米/小时。"

请问，小路返回时平均时速需多少才能达到预想结果？

难度等级　★★★☆☆

立方体涂色

给一立方体的 6 个面涂色，要求相邻的两面颜色不同，如用 3 种不同的颜色来涂，假设转动后颜色相同的涂法是同一种，地面颜色不考虑。

你知道有几种涂法吗？

难度等级　★★★☆☆

现在是什么时间

有4个人坐在火车站的候车室的一条长椅上。一老者走上前去，问道：“请问，现在是什么时间？”4个人同时看了一下自己的手表，然后分别做了回答：

（1）甲说：“现在是12点54分。”

（2）乙说：“不，是12点57分。”

（3）丙说：“我的表是1点零3分。”

（4）丁说：“我的表是1点零2分。”

事实上这4个人的表分别有2分钟、3分钟、4分钟和5分钟的误差（这一顺序并非对应于他们回答时的顺序）。

你能够计算出当时的准确时间吗？

难度等级　★★★☆☆

购买土著特产

一个到非洲东部旅行的旅游者向当地的土著人购买一种当地特产。买这种产品1个需付3美元60美分，加上付给中介人的手续费36美分，共计3美元96美分。而土著居民没有所付货币的零钱。

假设现在只有10美元和1美元这两种钞票，为了不剩零钱，就必须最少买25个（99美元）。

那么假设只有10美元的钞票和1美分的硬币，最少必须买几个？

难度等级　★★★☆☆

排瓷砖

小明正忙着贴浴室的瓷砖，爸爸给他出了道题：“要将长10厘米、宽

12 厘米、厚 5 毫米的瓷砖排成一个紧密的正方形，需要几块砖？”

小明该怎样回答呢？

难度等级 ★★★☆☆

保险柜金额计数

这里有 A、B、C 三个保险柜，每个保险柜里的起点金额都是一样的。最初的第一年，从 A 取出相当于一成的金额，往 B 放入相当于一成的金额。接着的一年，又往 A 加入相当于已有金额一成的金额，从 B 取出相当于已有金额一成的金额。而 C 在两年间原封不动，既没有取出过也没有放入过。

两年过去，A、B、C 三个保险柜中，哪个保险柜里的钱最多？

难度等级 ★★★☆☆

如何均分茶叶

小智的爸爸从外地出差回来，带回 10 千克茶叶，准备分送 10 个亲戚，每人各 1 千克。但由于手头只有一架天平和 2.5 千克、4.5 千克两个砝码，因而不知怎样才能将茶叶均匀分成 10 份。

你能用简便的方法帮小智的爸爸将茶叶分开吗？

难度等级 ★★★☆☆

酒精能等分吗

有容置为 500 毫升的烧杯 2 个——烧杯 A 和烧杯 B。烧杯 A 盛有 300 克水，烧杯 B 盛有 300 克纯酒精。先倒了些烧杯 A 中的水到烧杯 B 中，搅和均匀，再将烧杯 B 中的酒精溶液倒回 A 中，并使两杯中的液体仍分别为 300 克。

请问，烧杯 A 中的酒精与烧杯 B 中的水哪个多些？如果继续这样来回倒，要倒多少次，才能使烧杯 A 中的酒精同烧杯 B 中的酒精一样多？

难度等级　★★★☆☆

怪天平

度量衡检查员罗斯的职责是检查现在市场上正在使用的天平是否准确。现在他查到了一台怪天平，它的一臂比另一臂要长些，但是两只秤盘的不同重量使天平保持了平衡。

检查员把 3 只角锥形砝码放在较长一臂的秤盘上，把 8 只立方体砝码放在较短一臂的秤盘上，它们居然平衡了！可是当他把 1 只立方体砝码放在长臂的一端，它也居然同短臂那端的 6 只角锥砝码平衡！

假定角锥砝码的重量为 1 盎司（1 盎司 =28. 3495 克），试问：1 只立方体砝码的真正重量是多少？

难度等级　★★★☆☆

奇怪的电梯

一栋 19 层的大厦，只安装了一部奇怪的电梯，上面只有“上楼”和“下楼”两个按钮。“上楼”按钮可以把乘梯者带上 8 个楼层（如果上面不够 8 个楼层则原地不动），“下楼”的按钮可以把乘梯者带下 11 个楼层（如果下面不够 11 个楼层则原地不动），如图所示。用这样的电梯能走遍所有的楼层吗？

从一楼开始，你需要按多少次按钮才能走完所有的楼层呢？走完这些楼层的顺序又是什么呢？

难度等级　★★★☆☆

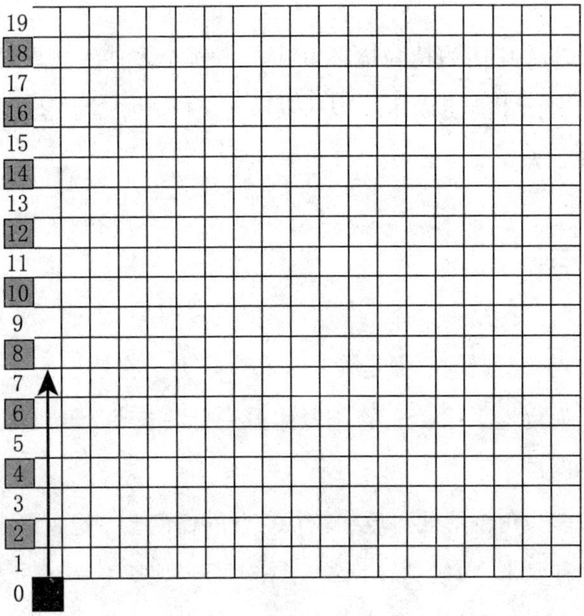

最好的候选人

你想从 100 名候选人中选出最好的那一个来担任一个重要职位。如果你随机选，那么你选到最好候选人的概率为 1/100，这是毫无疑问的。

因此你决定一个一个地面试他们。你每面试一个人，都必须要决定他是不是最好的那个，尽管你还没有面试其他人。让问题变得复杂的是——你每筛掉一个人，你就永远失去他了，不可能再回过头来去找他。

在这样的情况下，应该怎样做才能使你选到最好候选人的概率最大呢？

你可以随机抽取 10 个候选人来进行面试，然后从这 10 个人中选出最好的那一个。这样做你抽到 100 个人中最好候选人的概率为 1/4——比 1/100 要好，但还是有较大的风险。在你选中比前面的人都要优秀的人之前，你需要面试多少个人？

难度等级 ★★★☆☆

现在几点

有一天，丽丽的表停了，就问明明现在的具体时间。结果明明为了捉弄丽丽就给她出了一道难题。明明是这样说的：“如果再过 1999 小时 2000 分钟 2001 秒，我的手表正好是 12 点。你算算现在的具体时间吧。”丽丽当时一听就蒙了。

你知道明明说的几点吗？

难度等级　★★★☆☆

三个牛仔

阿莫斯、巴奇和考蒂之间有深仇大恨，不得不以手枪决斗了结。三个牛仔抽签决定决斗顺序，并约定他们每人开一枪，直到只剩一个人活着。

阿莫斯和巴奇都是百发百中的神枪手，但考蒂打中的概率只有 50%。从这些条件中，你能算出谁最可能活下来吗？

难度等级　★★★☆☆

骑车去农场

迈克和约翰准备去朋友家的农场玩，可是他们家与朋友家相距很远。于是，他们准备骑车 20 千米。当骑过 4 千米的时候，迈克的自行车出了问题，他不得不把车子用链子拴在树上。由于很着急，他们决定继续向前走。他们有 2 种选择：要么 2 人都步行，要么 1 个人步行，1 个人骑车。他们都能以 4 千米/小时的速度步行或者以 8 千米/小时的速度骑车前进。他们决定制订一个计划，即在把步行保持在最短距离的情况下，利用最短的时间同时到达农场。

那么，他们是如何安排步行和骑车的呢？

难度等级　★★★☆☆

兼职生活

独立一向是米兰和安瑞最讲究的事情，她们俩从小就非常独立，读小学的时候，她们就开始了她们的兼职生涯。星期天，她们俩将家里养的小鸡拿到集市上去卖。安瑞每天卖 30 只，2 只卖 1 元，回家时她可以卖 15 元；米兰每天也卖 30 只，3 只卖 1 元，一共可以卖 10 元。有一天，米兰生病了，于是她请安瑞帮她卖小鸡。安瑞带了 60 只小鸡去了集市，并以 5 只 2 元的价钱卖。当她回家时，她一共卖了 24 元。因此，这样要比两人分别卖所赚的钱少了 1 元。

那么，为什么会少 1 元呢？是安瑞拿走了吗？

难度等级　★★★☆☆

答　案

粉笔盒

只需要取一次。

验看标有“白、红”那一盒，若拿出一根是白色的，可判断这盒是“白、白”的（因为标记写错了，不可能是“白、红”的）。于是标有“红、红”的一定是”红、白”，而另一盒为“红、红”。

若拿出一根是红色的，同样道理也可以依次判断出来。

移去几根

因为1000是8的倍数，又1+7=2+6=3+5=4+4=8，所以第一人在第一次移去7根就能保证获胜。这是因为第一次移去7根后，所余的993根等于8×124+1，所以每次移去时，若是第二人移去a根，则第一人随之移去(8-a)根。这样，轮到124次时恰余1根，第二人只好移去这最后一根。

过山涧

一个人可以把木板向山涧的另一端伸出一部分，并站在木板的另一端压住。另一人可以把木板搭在自己的一方与对方的木板之间，就可以从容过河了。然后他可以压住木板，让对方过河。

彩　票

这对情侣有90种途径会赢，有30种途径会输，因此他们不能赢到这辆汽车的概率是30/120，即1/4（25%）。

掷色子

你们两个人掷到同一点数的概率是1/6，因此你们俩其中一个掷的点数

比另外一个人高的概率为5/6。

因此你比你朋友点数高的概率为5/6的一半，即15/36 =5/12。

下图为详解。

1	*	+	+	+	+	+
2	-	*	+	+	+	+
3	-	-	*	+	+	+
4	-	-	-	*	+	+
5	-	-	-	-	*	+
6	-	-	-	-	-	+

数学家座谈会

7个人一共有5040种排列方法。而这3位有胡子的数学家坐在一起的情况一共有5种（如图所示，B表示有胡子的数学家)。

B B B X X X X

X B B B X X X

X X B B B X X

X X X B B B X

X X X X B B B

对于这5种情况中的每一种，这3位数学家之间的排列方法为3 ×2 ×1 =6种。而没有胡子的数学家之间的排列方法为4 ×3 ×2 ×1 =24种。因此，这3位数学家坐在一起一共有5 ×6 ×24 =720种方法。

其概率为1/7（720/5040）。

3个人决斗

这个问题是博弈论的一个例子。博弈论诞生于1927年，当时约翰·冯·诺依曼认识到在经济、政治、军事以及其他领域的决策与很多数学游戏的策略是相似的。他认为游戏上的这些策略可以应用到现实生活中。他与经济学家奥斯卡·摩根斯坦一起出版了《博弈论与经济行为》。

博弈论的很多结果都与我们的直觉相悖。比如说，在这道题中，迈克活下来的可能性最大，是汤姆和比尔的2倍。为什么呢？

汤姆和比尔最开始肯定会选择向对方射击（因为对方是自己最大的威胁），而接下来迈克则将射击活下来的那个人。他射中的概率为50%（从而成为最后的赢家），射不中的概率也为50%（最后被别人射中身亡）。

现在我们来分析一下这个有趣的结果：

如果迈克最先射击，他一定会故意射不中。因为如果他射死了其中一个人，那么另一个人就会把他射死。

因此事实上需要考虑的只有2种情况：汤姆先射杀掉比尔，或者反过来比尔先射死汤姆。

这两种情况下迈克有50%的可能性能够射死幸存下来的那个人，因此他活下来的概率为50%。

汤姆如果先开枪，他活下来的概率为50%；如果比尔先开枪，那么他活下来的可能性为0。由于有50%的可能性是比尔先开枪，因此汤姆活下来的可能性为$1/2 \times 1/2 = 1/4 = 25\%$；比尔活下来的可能性也是如此。

射　击

先算出3个人全都没有射中的概率为：$3/5 \times 3/5 \times 7/10 \approx 0.252$。

因此，3人中至少有1人射中的概率为$1 - 0.252 = 0.748$。

丢掉的袜子

20只袜子配对一共有190种情况。你可以自己来检验：将1～20写在一张纸上。与 1 可以配对的有剩下的 19 个数。然后跳过 1（因为我们已经考虑了所有含有 1 的配对情况）看 2，有 18 种配对情况，因此现在已经有 19 + 18 = 37 种配对情况了。然后再跳过 2 看 3，依此类推，直到数到最后的一对。你会得到下面这个等式：

19 + 18 + 17 + 16 + 15 + 14 + 13 + 12 + 11 + 10 + 9 + 8 + 7 + 6 + 5 + 4 + 3 + 2 + 1 = 190。

20 只袜子配成一双的只有 10 种情况。也就是说，在 190 种可能中，最好的情况只有 10 种，而最差的情况则有 180 种，即最差的情况发生的可能性是最好的情况的 18 倍，这意味着你很可能只剩下 8 双袜子。

机票的问题

甲买一张经由南极到 B 市的机票，乙买一张经由南极到 A 市的机票，当他们两人在南极相会时，把机票互换一下，这样他们只花了 800 美元就到了自己的城市。

倒硫酸

在瓶内放入不同大小的玻璃弹子，使硫酸的液面上升到 10 升刻度处。然后倒出硫酸，使液面下降至 5 升刻度处即可。

三人赛跑

如果你的答案是“甲领先 20 米取胜”，那就错了。

甲和乙的速度之差是 10%，乙和丙的速度之差也是 10%，但以此得不出甲和丙的速度之差是 20% 的结论。

如果三个人在一起比赛，当甲到达终点时，乙落后甲的距离是 100 米的 10%，即 10 米，而丙落后乙的距离是 90 米的 10%，即 9 米。因此，如果甲和丙比赛，甲将领先 19 米。

青蛙也浪漫

青蛙王子应该选择逆时针方向蹦跳，这样，它们分别蹦跳 9 次以后，就能跳到同一块石头上了。

蟑螂的启示

蟑螂不在野外生存，因此，被害人是在室内被杀害并滞留，在此期间蟑螂钻进了尚有体温的尸体。

过　关

商人最初就只有 2 个钱币。

鸭梨怎么分

鸭梨是这样分的：先把 3 个鸭梨各切成两半，把这 6 个半块分给每人 1 块。另两个鸭梨每个切成 3 等块，这 6 个 1/3 也分给每人 1 块。于是，每个人都得到了一个半块和一个 1/3 块，也就是说，6 个人都平均分配到了鸭梨，而且每个鸭梨都没有切成多于 3 块。

狱卒发粥

共有 2519 名囚犯。

2519 分成 3 人一桌需 839 张桌子，多余 2 个人；

2519 分成 5 人一桌需 503 张桌子，多余 4 个人；

2519 分成 7 人一桌需 359 张桌子，多余 6 个人；

2519 分成 9 人一桌需 279 张桌子，多余 8 个人；

2519 分成 11 人一桌需 229 张桌子，没有多余。

摸石子

罐子里只留一颗石子。这种方法的准确率虽然与待女所说的相同，但成功时得到的钻石却多得多。

被地球偷走的煤

可能。因为地球是一个不标准的圆球体，赤道地区要比南北两极地区向外凸出。而离地心远，引力就会变小，同样多的东西重量就会减少。同样多的物体，其在两极地区时的重量，要比在赤道地区时的重量大0.5%左右。

买　杏

由于每个杏卖0.3元，每个杏核卖0.1元，故每个杏肉只值0.2元，故而3元能吃15个杏。双方都不亏。

算年龄

首先，确定哪个数字不表示孩子的年龄。1~13这13个数字之和是91，而3个家庭所有孩子的年龄之和是84，因此，不表示孩子年龄的数字是7。

家庭A的4个孩子的年龄只能是以下两种情况之一：12，6，10，13或者12，8，10，11。

家庭C的4个孩子的年龄只能是以下四种情况之一：4，1，3，13，或者4，1，6，10，或者4，2，6，9，或者4，3，6，8。这样，家庭A中孩子的年龄不可能是12，6，10，13，否则，家庭C中孩子年龄的四种可能情况没有一种能够成立。因此，家庭A中孩子的年龄必定是12，8，10，11。那么家庭C中孩子的年龄只能是4，1，3，11或者4，2，6，9。由此不难得出结论：家庭C中孩子的年龄必定是4，2，6，9，家庭B中孩子的年龄必定是5，1，3，13。

夫妻采购

设x表示钱德叔叔实际买帽子所用的价钱，y表示他的衣服的价钱，则莫妮卡婶婶所买帽子的价钱也是y，而其衣服的价钱为x-1。我们知道，

$x+y$等于 15 美元，所以如果将他们所花费的 15 美元分为两份，而其中一份是另一份的一倍半的话，则一份必然是 6 美元，另一份必然是 9 美元。利用这些数据即可列出下列方程：$9+x-1=6+15-x$。

由此可求出 x 为 6.50 美元，即钱德买帽子所花的钱，因此他买衣服所花的钱为 8.50 美元。于是得知：莫妮卡买帽子用去 8.50 美元，买衣服用去 5.50 美元，全部消费金额为 29 美元。

某城居民

某城居民的总数最多不可能超过 518 人。

把某城的所有居民依据他们头发数量的由少至多按顺序编号。在这个编号中，以下两个条件必须满足：

第一，1 号居民是秃子。

第二，n 号居民的头发数量是 n－1 根。例如，2 号居民的头发是 1 根，100 号居民的头发是 99 根，等等。

如果不这样，居民的总数不可能比任何一个居民头上的头发总数多。

如果居民的人数超过 518 人，则编号大于 518 的居民的头发数量就会与他的编号相等，从而破坏了上面的第二个条件，使得居民的总数不可能比任何一个居民头上的头发总数多。因此，居民的总数不可能超过 518 人。

贪婪的书蛀虫

书蛀虫一共走了 2.5 厘米。书蛀虫如果要从第 1 册第 1 页开始向右侧的第 3 册推进的话，第 1 件事情就是先从第 1 册的封面开始破坏，之后是第 2 册的封底，接着是 2 厘米的书，然后是第 2 册的封面，最后是第 3 册的封底。期间，一共经过 2 个封面、2 个封底以及 1 册书的厚度，即享用了 2.5 厘米的美味。

两个家庭

这个问题可以从帕斯卡三角形中找到答案。从帕斯卡三角形的第 8 行可以看出，生 4 男 4 女的概率为 70/256，约 27%。

生 8 个孩子性别都相同的概率为 1/256，比 1% 还要小。当一个家庭所生的孩子 6 个以上都为同一性别时，我们就不能仅仅考虑概率的因素了，还必须考虑基因这个因素。

我们说生 4 男 4 女比生 8 个同一性别的孩子的可能性更大，这是因为我们并没有将孩子的出生顺序考虑进来。某一个特定出生顺序的 4 男 4 女，比如 GBBGGBGB（G 代表女孩，B 代表男孩），与 GGGGGGGG 或者 BBBBBBBB 的概率是完全相同的。

两个孩子的家庭

这个问题曾经出现在畅销杂志 *Parade* 上玛丽莲 · 莎凡的专栏中。她给出的答案是女人的 2 个孩子都是男孩的概率约为 33%，而男人的 2 个孩子都是男孩的概率约为 50%。

对这个至少有一个孩子为男孩的女人来说，她的孩子有 3 种可能性：这 3 种情况的概率都相等，因此她有 2 个男孩的概率为 33%。

而对于这个男人来说只有 2 种可能性：这 2 种情况概率相等，因此他有 2 个男孩的概率为 50%。

旅行花销

20 美元。总之，5 个人买了 3 件相同的东西，因此，买东西的 5 个人所带的外币之和能被 3 整除。这样就好办了，6 个人所带外币总数为 15 + 16 + 18 + 19 + 20 + 31 = 119（元），显然，只有在减去 20 的情况下，余数才能被 3 整除。

吃荞麦面

1.9米。在同等时间内，小林吃的面条是爸爸吃的长度的90%，妈妈吃的面条是小林吃的长度的90%。所以，当爸爸吃完10米长的面时，妈妈则吃了8.1米，剩下的就是1.9米。

考　试

不正确。

胡乱填写也能答对的概率虽为1/3，然而那是对于除去有信心答对的6道题后的24道题来说的，即从概率上来说，小王答对的是14道。这样考试就不及格了。

漆上颜色的立方体

你能够漆成：1块全红，1块全蓝，1块5面红1面蓝，1块5面蓝1面红，2块4面红2面蓝，2块4面蓝2面红，2块3面红3面蓝。即总共漆成10块颜色不同的立方体。

年薪的选择

此问题的答案完全出乎人直觉的预料，因此回答这类问题时，千万不要凭表面现象就作出回答。

应选择B公司。计算实际收入的话，可知每一年B公司都会比A公司多出5万元。

第一年：A公司100万；B公司50+55=105（万）

第二年：A公司120万；B公司60+65=125（万）

第三年：A公司140万；B公司70+75=145（万）

鞠　躬

总共400次。男学生之间鞠躬90次；女学生之间鞠躬90次；男女学生之间鞠躬200次；学生们向老师鞠躬20次，总计400次。问题中，鞠躬的只是学生，老师是不鞠躬的。不注意的话就可能会忽略这一点。

匪夷所思

凶手开枪时，被害者正背对窗子弯腰，子弹射穿了她的大腿后进入胸部，所以表面上看好像是中了两枪。

检查小球

在天平两端各放两个小球，次品的那端肯定重，然后在天平两端各拿走一个小球。如果这时天平是平衡的，那么刚才重的那端拿起来的小球是次品；如果天平还是不平衡，那么现在重的那端的小球就是次品。

需要多少场比赛

31场比赛。你当然可通过列出的比赛程序表，从中数出所有比赛的场数，但这并不是本题所要求的。以下的思路可能会使你感到出乎意料的简明：32支参赛队中，除一支冠军外，其余31支都是失败队。这31支失败队，每队至少输了一场，也至多输了一场。因此，全部比赛共进行了31场。显然，全部进行过的比赛不可能比31场多，否则就会有一场比赛没有失败队，也不可能比31场少，否则就不会有31支失败队。

需要跑多快

求往返的平均速度，也是求平均数，若用 $(V_{去}+V_{返})\div 2=V_{平均}$，即 $(30+V_{返})\div 2=60$，得出 $V_{返}=90$，便认为返回速度为90千米/小时，这样你就会得出一个错误的答案。因为求往返平均速度的准确意思是：总路程 ÷ 总时间 = 往返平均速度。此题中的“总路程”应为“两座城市距离的2倍”，“总时间”应为“往返时间之和”，代入相关量，整理，可知：

V返 =（V平均 × V去）÷（2V去—V平均），只有当2V去 > V平均时，此题才有解。然而，本题所给的条件正是2V去 = V平均，所以才无解。另外，从上述关系式中可以看出，求往返的平均速度，其实与城市的距离多远没有关系。

求平均速度时都要这样想。

立方体涂色

1种。将立方体5组相对的面各涂成同一种颜色。

现在是什么时间

甲的手表误差不可能是2分钟，因为如果这样的话，丙的手表误差就至少是7分钟；甲的手表误差也不可能是3分钟，因为如果这样的话，丙的手表误差就是6分钟；所以甲的手表误差是4分钟或5分钟，而且这种误差只能是比标准时间慢，否则其余每个人的误差都会不少于7分钟。

假设甲的手表误差是慢4分钟，这样准确时间是12点58分，由此可知丙的手表误差是快了5分钟，其余两人的手表误差分别是1分钟和4分钟，这样就没有人的误差是2分钟和3分钟了，这和题中的条件相悖。

所以，只剩下一种可能性，即甲的手表误差是慢5分钟。这样当时的准确时间是12点59分，乙、丙和丁的手表误差分别是2分钟、4分钟和3分钟。

购买土著特产

1个。付396个1美分硬币，就可以只买1个而不剩零钱了。

排瓷砖

用50块可排60厘米见方的正方形。另有一种排法用20块，如图排列。

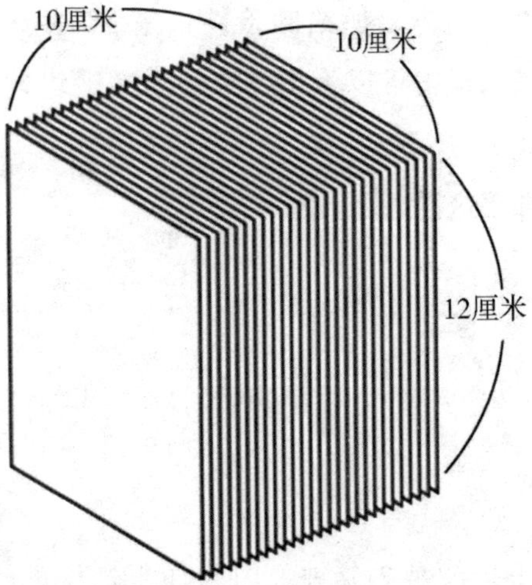

保险柜金额计数

C 保险柜最多。

如何均分茶叶

茶叶的简单分法如下：

（1）在天平的两个盘中分别放上 2.5 千克和 4.5 千克砝码，然后在放有 2.5 千克砝码的盘中放入茶叶，待天平天衡，这包茶叶便是 2 千克。

（2）在天平上，用这包 2 千克的茶叶将剩下的茶叶均分成 4 包，每包都是 2 千克。

（3）在天平上，将 5 包 2 千克的茶叶，逐包一分为二，于是就得到了 10 包重量为 1 千克的茶叶。

酒精能等分吗

如果你仍用代数方式计算，那你将会受累了。因为从理论上说，无论来回倒多少次，都不能使烧杯 A 中的酒精同烧杯 B 中的酒精一样多。这个结论可以通过如下的分析获得。

一开始，烧杯A中的酒精浓度为0，当然小于烧杯B中的酒精的浓度。以后，每次从烧杯A向烧杯B倒入溶液，A中的酒精浓度不变，而B中的酒精溶液是由一种浓度较低的酒精溶液（从A中倒来）和一种浓度较高的酒精溶液（原在B中的溶液）混合而成，它的浓度应介于这两个浓度之间，特别是应该大于A中的酒精浓度。每次从B中向A中倒入溶液后，B中的浓度不变，而A中的浓度则同样介于两个浓度之间而小于B中的浓度。因此无论怎么倒，烧杯A中的酒精浓度总是小于B中的酒精浓度。在这个过程中，烧杯A中的溶液重量最多为300克，烧杯B中的溶液重量最少为300克，故A中的酒精总是少于B中的酒精。

怪天平

把物体放在天平的某一端称一下，再放到另一端称一下，将所得的两个结果相乘，然后把乘积开平方，其正值就是物体的真正重量。

已知一个角锥形砝码重1盎司（1盎司=28.3495克），根据检查员的第一次称量表明，立方体砝码的重量为$\frac{3}{8}$盎司。他的第二次称量，立方体砝码放在另一只盘里，表明，立方体砝码重量为6盎司。由于$6\times(\frac{3}{8})=\frac{18}{8}$，即，其平方根正值为$\frac{3}{2}$，即$1\frac{1}{2}$盎司，所以1只立方体砝码的重量为$1\frac{1}{2}$盎司。因而在一台正常的天平上，8只立方体砝码同12只角锥形砝码正好能平衡。

奇怪的电梯

可以走遍所有的楼层。最少的步骤是19步，顺序如下：

0—8—16—5—13—2—10—18—7—15—4—12—1—9—17—6—14—3—11—19（12“上”，7“下”，见下图）

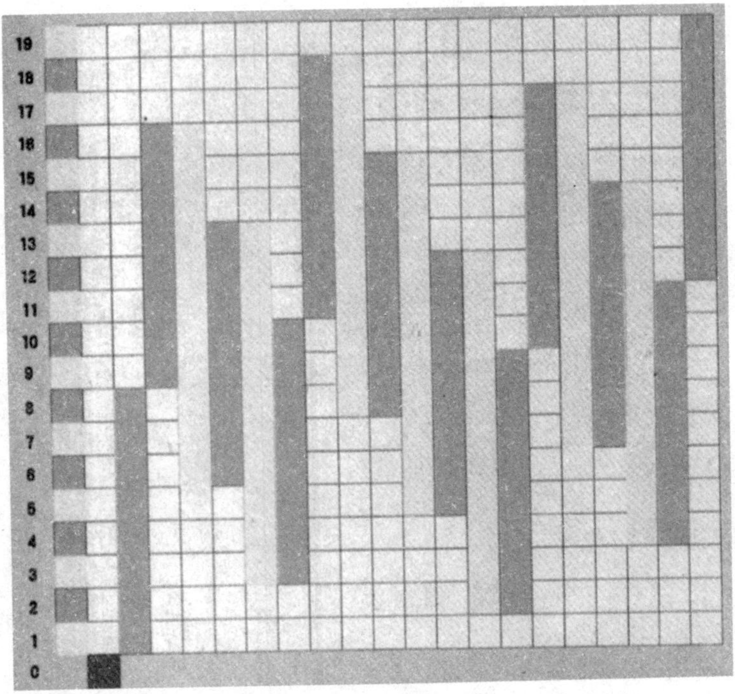

最好的候选人

面试36个人。这样会将你选到最优秀的人的概率提高到1/3，这是你所能做到的最好的结果。

如果你愿意妥协，认为选择这100名中的第2名也可以，那么这样你只要面试30个人，你选到第1名或者第2名的概率就会高于50%。而如果你认为选择这100名中的前5名都可以，那么你只需要面试20个人，你选到前5名之一的概率就会达到70%。

现在几点

7点7分39秒。因为1999小时2000分钟2001秒是2032小时53分21秒，除去中间是12的倍数的2028小时，剩下的时间是4小时53分21秒。这个题可以减少为再过4小时53分21秒是12点。所以，现在就是7点7分39秒。

三个牛仔

虽然阿莫斯和巴奇命中率有100%，但考蒂活下来的概率最大。

理由很直接。如果阿莫斯或巴奇首先开枪，那两人中一个人必死无疑(因为他们是最大的威胁)，然后就轮到考蒂射击。考蒂有50%的机会打死对手。如果考蒂抽到第一枪，他应该打偏，否则如果他打死了阿莫斯或巴奇中的一个，另一个就会打死他。

所以考蒂存活的机会是50%。

而阿莫斯和巴奇有相同的机会。如果他们没有先开枪，他们就得先被打，如果他们中某一个人先开枪，他们就有一个必死。因为两人的情况相同，所以他们俩得以存活的概率为0加上50%除以2，即25%。

骑车去农场

迈克骑1个小时的自行车后把自行车放在路边，并继续步行2个小时，行走8千米后到达他的朋友家的农场；约翰步行2个小时后到达放自行车的地方，然后骑1个小时的自行车，这样他就能和迈克同时在最短的时间到达朋友家的农场。

兼职生活

如果按照正常计算，米兰和安瑞分别会卖得15元和10元，一共是25元。当安瑞带60只小鸡去集市时，每5只小鸡中，2只是自己的，3只是米兰的，这样直到把米兰的小鸡卖完。接下来，她开始卖自己剩下的10只小鸡。按理说，她自己的5只小鸡应该价值2.5元，但是，在最后两笔交易中她每次都损失了5角。所以，最终少了1元。

逻辑判断能力

广大青少年朋友接触最多的思维游戏就是逻辑判断题了。逻辑判断能力的提高可以通过两个途径来实现：一是多做思维游戏；二是学习逻辑学，掌握逻辑判断的技巧。当然，学习逻辑学不但需要灵活的头脑，也需要扎实的基础知识，这需要青少年朋友打好基础再去实践。让我们一起来看看下面的思维游戏吧！

吹破了牛皮

莎莉有吹牛的坏毛病，一天她向邻居们炫耀说："我昨天刚发明了一种液体。无论是什么东西，它都可以溶解，这是最好的溶剂了，我明天就要去申请专利，我很快就要发财了。"邻居们觉得很惊讶。虽然不信，但是不知道如何反驳。这时，一名小孩说了一句话，莎莉立刻傻眼了，谎言不攻自破。

你知道小孩是怎么说的吗？

难度等级 ★★☆☆☆

脸上的煤灰

在一节列车车厢里，有两个打扮时髦的女郎相对而坐。她俩互不认识，所以并不说话。不久，列车驶入隧道，又出了隧道，一个女郎满脸煤灰，黑乎乎的，大概是因为坐在逆风位置的缘故。而另一个女郎的脸一点儿都不脏。但是，最后去洗脸的却是那位脸不脏的女郎，脸上沾满煤灰的女郎却仍若无其事地坐在那里。

你能说出她俩做出这种奇怪行为的原因是什么吗？

难度等级　★★★☆☆

狄利克雷的房间

有一个关于“狄利克雷房间分配法”的故事。

有一家旅店，共有 12 个房间，依次为 1 号、2 号、3 号……12 号。一天，来了 13 位客人，要求各自单独住一间房间。

旅店老板思索一番，想出了一个解决办法：他先让两个客人暂时住进 1 号房间，然后把其余的客人按顺序依次分配到剩余房间里。于是 1 号房间住进了两个人，3 号客人住在 2 号房间，4 号客人住在 3 号房间，5 号客人住在 4 号房间……12 号客人住在 11 号房间。最后，再把最先安排的 13 号客人从 1 号房间转到空着的 12 号房间里。于是皆大欢喜，13 位客人都满意地单独住进了 12 个房间里。

这样的安排显然不怎么对劲儿，可问题出在哪儿呢？

难度等级　★★★☆☆

个个撒谎

一个精神病医生在寓所被杀，他的 4 个病人受到警方传讯。警方根据目击者的证词得知，在医生死亡那天，这 4 个病人都单独去过一次医生的寓所。在传讯前，这 4 个病人共同商定，每人向警方提供的供词条条都是谎言。

每个病人所提供的 2 条供词分别是：

甲：

1. 我们四个人谁也没有杀害精神病医生。

2. 我离开精神病医生寓所的时候，他还活着。

乙：

3. 我是第二个去精神病医生寓所的。

4. 我到达他寓所的时候，他已经死了。

丙：

5. 我是第三个去精神病医生寓所的。

6. 我离开他寓所的时候，他还活着。

丁：

7. 凶手不是在我去精神病医生寓所之后去的。

8. 我到达精神病医生寓所的时候，他已经死了。

从否定这 8 条供词入手，就可以判定这 4 个病人到达医生寓所的先后顺序以及医生被害的时间，你能判断出这 4 个病人中是谁杀害了精神病医生吗？

难度等级 ★★★☆☆

帽子的颜色

首先，三个人位于垂直于墙的一条直线上，眼睛被蒙上。然后从装有三顶红色帽子和两顶黑色帽子的箱中取出三顶让他们三人戴上，并将以上信息告知他们。接着把他们眼睛上的蒙布拿掉，要求每人确定各自所戴帽子的颜色。

离墙最远的那个看到前面两人帽子的颜色后说："我不知道我所戴帽子的颜色。"离墙第二远的那个人听到上面的回答，又看了前面一个人戴的帽子的颜色，也回答自己不知道。第三个人虽然看到的只是墙，但他听到了前面两人的回答后，说："我知道自己所戴帽子的颜色。"

试问，他戴的帽子是什么颜色？他又是怎样确定的呢？

难度等级 ★★★☆☆

发牌的判定

你和三个朋友一起玩扑克，轮到你发牌。依照惯例，按逆时针顺序发牌，第一张发给你的右手邻座，最后一张是你自己的。当你正在发牌时，电话响了，你不得不去接电话。打完电话回来，你忘了牌发到谁了。现在，不允许你数任何一堆已发的和未发的牌，但仍须把每个人应该发到的牌准确无误地发到他们的手里。

你如何做到这一点？

难度等级　★★★☆☆

白马王子

小丽心目中的白马王子是高个子、小麦肤色、相貌英俊的人。她认识李、孙、钱、赵四位男士，其中有一位符合她要求的全部条件。

1. 四位男士中，只有三人是高个子，只有两人是小麦肤色，只有一人相貌英俊；

2. 每位男士都至少符合一个条件；

3. 李和孙肤色相同；

4. 孙和钱身高相同；

5. 钱和赵并非都是高个子。

谁能够符合小丽要求的全部条件，也就是说谁有可能成为小丽的男朋友呢？

难度等级　★★★☆☆

死　囚

一位法官判处一个人为死罪，这个人听到消息后非常恐惧。法官下令：从明天开始，到第七天傍晚，必须把这个死囚拖到刑场绞死。但如果在处

决他的那一天早晨死囚知道了自己要被处以绞刑，那么这一天就不能处死他。

死囚听到这个规定后非常高兴，认为自己不可能被处死了。你觉得可能吗？

难度等级　★★★☆☆

谁说了真话

我抓了 5 个犯罪嫌疑人，对他们的谈话做了记录：

A 说：5 个人中有 1 人说谎。

B 说：5 个人中有 2 人说谎。

C 说：5 个人中有 3 人说谎。

D 说：5 个人中有 4 人说谎。

E 说：5 个人都在说谎。

最后我只释放了说真话的人，你知道释放了多少人吗？

难度等级　★★★☆☆

他们是什么关系

有 A、B、C、D、E 是亲戚，其中 4 个人每人讲了一个真实情况，如下：

(1) B 是我父亲的兄弟；

(2) E 是我的岳母；

(3) C 是我女婿的兄弟；

(4) A 是我兄弟的妻子。

上面说话的每个人都是这 5 人中的一个。

请问，这 5 人分别是什么关系？

难度等级　★★★☆☆

家庭谋杀案的凶手

一个四口之家中发生了谋杀案。一对夫妇和他们的一儿一女中，有一个人杀死了另一个人，第三个人是谋杀的目击者，第四个人是从犯。此外，这四个人中：

（1）从犯和目击者是异性；

（2）年龄最大者和目击者是异性；

（3）年龄最小者和死者是异性；

（4）从犯比死者年龄大；

（5）父亲年龄最大；

（6）凶手不是年龄最小者。

这家的四口人中，谁是凶手？

难度等级 ★★★☆☆

猫的主人

四个喜欢猫的好朋友，分别用一个朋友的名字来给自己的猫取名。下面的线索中有一个是真实的，其余的是虚假的。

（1）玛丽的猫取名要么是海伦，要么是艾莉；

（2）露茜的猫取名是艾莉；

（3）海伦的猫取名要么是玛丽，要么是露茜；

（4）取名为露茜或者玛丽的猫都不是艾莉的；

（5）取名为海伦的猫不属于玛丽或者露茜。

请问，哪个朋友有哪一只猫？

难度等级 ★★★☆☆

谁当上了记者

A 报社决定在 B 公司招聘一名业余记者，B 公司推荐赵、钱、孙、李、周、吴 6 人应试。究竟谁能被录用，公司甲、乙、丙、丁 4 位领导各自做出了自己的判断。

甲：赵、钱有希望；

乙：赵、孙有希望；

丙：周、吴有希望；

丁：赵不可能。

而结果证明：只有一个人的判断是对的。

请问，谁当上了业余记者？

难度等级　★★★☆☆

谁拿了谁的伞

一天，甲、乙、丙、丁、戊 5 人聚会。由于下雨，各人带了一把雨伞。聚会完回到家后，每个人都发现自己拿回来的雨伞是别人的。

现已知：

(1) 甲拿回去的雨伞不是丁的，也不是乙的；

(2) 乙拿回去的雨伞不是丁的，也不是丙的；

(3) 丙拿回去的雨伞不是戊的，也不是乙的；

(4) 丁拿回去的雨伞不是丙的，也不是戊的；

(5) 戊拿回去的雨伞不是丁的，也不是甲的。

另外还发现没有两个人互相交换了雨伞（例如甲拿乙的，乙拿甲的）。

试问，丙拿回去的雨伞是谁的？丙的雨伞又被谁拿去了？

难度等级　★★★☆☆

小岛方言

一个晴朗的日子，一条船由于缺乏饮用水，在一个岛上靠了岸。这个岛上的人一部分总是说真话，另一部分总是说假话。可是，从表面上却无法将它们区分开来。他们虽然听得懂英语，却只会说本岛方言。船员们登陆后发现一眼泉水，可是，不知这里的水能不能喝。这时，恰巧碰到一个土著人，便问道：“今天天气好吗？”土著人答道：“梅拉塔——迪。”再问：“这里的水能喝吗？”土著人答道：“梅拉塔——迪。”已知“梅拉塔——迪”这句话是岛上方言的“是”或“不是”中的一个。

你认为这里的水究竟能喝吗？

难度等级　★★★☆☆

猫和鸽子

赵、钱、孙、李和陈 5 个单身老头是养鸽迷，每人都有一只心爱的鸽子。另有 5 个单身老太太是养猫迷，每人都有一只宠物猫。猫对鸽子是严重的威胁。后来，这 5 对老人分别结了婚，这给了老头们控制老伴的猫以保护自己的鸽子的机会。然而，结果是，他们之中虽然每对老夫妻自己的猫和鸽子之间相安无事，但最终还是每只猫都吃掉了一只鸽子，每位老头都失去了自己心爱的鸽子。

事实上，赵夫人的描吃了某位老先生的鸽子，而这位老先生正是和吃了陈老先生的鸽子的猫的主人结了婚。赵老先生的鸽子是被钱夫人的猫吃掉的。李老先生的鸽子是被某位老太太的猫吃掉的，而这位老太太正是和被孙夫人的猫所吃掉的鸽子的主人结了婚。

李夫人的猫吃了谁家的鸽子？

难度等级　★★★☆☆

一对姐妹

有一对貌美的姐妹。姐姐在上午说真话，下午只说假话；妹妹正好相反，下午说假话，上午才说真话。有人问姐妹俩：“你们两个谁是姐姐呀？”于是胖一点的回答道：“我是。”瘦一点的回答也是“我是”。当再问道“现在几点钟”时，胖一点的回答是“快到中午了”，瘦一点的则回答“已经过了中午”。

请问，现在是上午还是下午？哪一个是姐姐呢？

难度等级　★★★☆☆

购　物

A、B、C、D 四个朋友到某商厦购物。他们分别买了一块表、一本书、一双鞋和一架照相机。这四样商品分别在一至四层购买，当然，上述四样商品的排列顺序不一定就是它们所在的楼层的排列顺序，也不一定等同于他们的买主被提及的顺序。已知 A 去了一层；表在四层出售；C 在二层购物；B 买了一本书；A 没有买照相机。

你能根据线索确定谁在哪一层购买了哪样商品吗？

难度等级　★★★☆☆

巧断性别与职业

王家有三个儿女：老大色盲；老二患过小儿麻痹症，左脚略微有点跛；老三口吃。但他们从小就刻苦学习，长大后都有所作为。

三人中有一位是画家，有一位是篮球运动员，还有一位是翻译。他们在各自成家后还相处得非常和睦。画家外出，把孩子留在孩子的姑妈家，与姑妈的孩子为伴。一天晚上，电视转播篮球比赛实况，两个小家伙兴奋地指着电视屏幕大叫，一个说：“那是舅舅！”另一个说：“那是伯伯！”

你能判断出老大、老二和老三的性别和职业吗？

难度等级　★★★☆☆

杂货店的伙计

一家杂货店的店主准备招一名伙计，一胖一瘦两个人前来报名。店主是个精明而有趣味的人，他把两个人带进一间狭窄的屋子里。屋子里空荡荡的，一个小窗用厚帘子遮着，屋里全靠灯光照明。两个人莫名其妙，不知道店主要干什么。

店主打开一个盒子，对两人说：

“盒子里盛着五顶帽子，两顶红的，三顶黑的。现在我把电灯关掉。我们三个人每人摸一顶戴在自己头上，然后我盖好盒子，打开电灯，你们俩要说出自己头上戴的帽子是什么颜色的。谁说得快，而且准确，我就雇用谁。”

店主关上电灯。三个人各摸了一顶帽子戴在自己头上。当电灯打开之后，那两个人同时看见店主头上戴着一顶红色的帽子。两个人又互相看了一眼，略微迟疑了一下后，那个瘦子立即喊道：“我戴的是黑色的。”

瘦子答对了，如果是你，你会答对吗？

难度等级　★★★☆☆

酒鬼和礼品

有5个酒鬼，他们的绰号分别是“茅台”、“五粮液”、“西凤”、“花雕”和“二锅头”。某年春节，他们之中的每一个人，都向其他4个中的某一个人赠送了一件礼品；没有两人赠送相同的礼品的情况；每一件礼品，都是他们中某个人的绰号所表示的酒；每人赠送或收到的礼品都不是用他自己的绰号表示的酒。如“茅台”先生送给“二锅头”先生的是花雕酒；

收到二锅头酒的先生把西凤送给了“茅台”先生；绰号和“花雕”先生所送的礼品名称相同的先生把自己的礼品送给了“西凤”先生。

“花雕”先生所收到的礼品是谁送的？

难度等级 ★★★☆☆

谁的年龄大

在一次聚会上，有 4 个人在讨论他们的年龄问题。他们分别是 20 岁、40 岁、60 岁和 80 岁。其中有一个是总讲真话的纽约人，另外 3 个是一会儿讲真话一会儿讲假话的东京人。他们的陈述如下：

A：

1. 我是 4 个人中最老的；
2. 我是纽约人；
3. C 比 D 要年轻。

B：

1. C 是 4 个人中最年轻的；
2. B 和 D 的年龄相差 20 岁。

C：

1. 我比 A 老；
2. B 比 D 老 20 岁。

D：

1. C 没有 A 老；
2. 我比 B 老。

你能准确说出每个说话的人各属于哪个地区，年龄有多大吗？

难度等级 ★★★☆☆

谁是聪明人

A、B、C 三个人一起参加了物理和化学两门考试。三个人中，只有一个聪明人。

A 说：

1. 如果我不聪明，我将不能通过物理考试；

2. 如果我聪明，我将能通过化学考试。

B 说：

1. 如果我不聪明，我将不能通过化学考试；

2. 如果我聪明，我将能通过物理考试。

C 说：

1. 如果我不聪明，我将不能通过物理考试；

2. 如果我聪明，我将能通过物理考试。

考试结束后，证明这三个人说的都是真话，并且，第一，聪明人是三人中唯一一个通过这两门科目中某门考试的人；第二，聪明人也是三人中唯一一个没有通过另一门考试的人。

那么，这三人中，谁是聪明人？

难度等级　★★★☆☆

小熊的朋友是谁

小兔、小猴、小鸡、小鸭、小狗和小熊在除夕夜会餐。一阵鞭炮响过，大家围着一张圆桌按 ABCDEF 的顺序坐了下来，如图所示，只有小熊没到。于是小熊的朋友马上从 A 凳上站了起来，说：“我知道小熊的家，我去把小熊接来。”不一会儿，小熊的朋友果然把小熊接来了。

位置安排如下所述：

（1）小兔坐在小狗的对面；

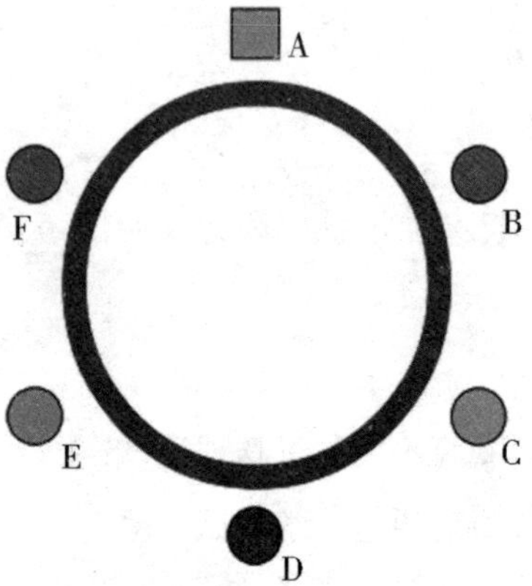

（2）小鸡坐在小熊的朋友的对面；

（3）小熊的朋友坐在方凳子上；

（4）谁坐在小熊朋友的对面，谁就与小狗邻坐，并且小狗坐在它左边，它右边的座位正好与小熊的座位相对；

（5）小鸭坐在小兔与小鸡之间。

你知道小熊的朋友是谁吗？

难度等级　★★★☆☆

六个专家

六个不同专业的专家一起乘火车旅游。他们分成两组，每组三人，面对面地坐在一起。他们分别是杂文家、考古学家、音乐家、小说家、剧作家和诗人。他们每个人都带着自己专业的专著，但现在都正读着别人的专著：

（1）A 正在读杂文；

（2）C 正在读他对面的人的专著；

（3）B 坐在杂文家和音乐家之间；

（4）E 坐在剧作家的旁边；

（5）D 正在读剧本；

（6）A 坐在窗户边，并且对考古没兴趣；

（7）D 坐在小说家的对面；

（8）E 正在读一本音乐专著；

（9）F 从未读过一本诗集，显然，他不是诗人。

根据以上事实，你能判断每个专家的专业吗？

难度等级　★★★☆☆

释放犯人

有 10 个犯人被带到国王那里，他们都戴着彩色帽，而且，自己看不见自己的帽子，只能看见别人的。国王对犯人说："你们好好看看周围的人，如果谁看见 3 个或 3 个以上戴黄帽子的人，我就当场释放他。"说完，让人给几个犯人戴上了黄帽子。

你知道国王最后释放了几个人吗？

难度等级　★★★☆☆

哪个是门铃按钮

某个名人家的门铃声整天不断，令他十分苦恼。于是，他请一位朋友想办法。这位朋友帮名人在大门前设计了一排 6 个按钮，其中只有一个是通门铃的。来访者只要摁错了一个按钮，哪怕是和正确的同时摁，整个电铃系统将立即停止工作。在大门的按钮旁边贴有一张告示，上面写着：A 在 B 的左边；B 是 C 右边的第三个；C 在 D 的右边；D 紧靠着 E；B 和 A 中间隔一个按钮。请摁上面没有提到的那个按钮。

这 6 个按钮中，通门铃的按钮处于什么位置？

难度等级　★★★☆☆

乱配鸳鸯

春暖花开，三位男青年 A、B、C 在五一节这天即将与三位少女甲、乙、丙结婚。有个好事的人前去向他们探听各人的配偶。

A 说：“我要娶的是甲姑娘。”

再去问甲，甲姑娘却说她将嫁给 C。

去问 C，C 回答说他是与丙姑娘结婚。问者一时被搞得莫名其妙，直到他们六个人举行婚礼时才弄清楚了真相。原来 A、甲、C 三人说的都不是真话。

请问 A、B、C，甲、乙、丙究竟是谁与谁举行了婚礼呢？

难度等级 ★★★☆☆

谁偷了吉祥物

两支半职业橄榄球队是赛场上的劲敌。雄狮队的一个队员在大赛的前夕偷了对手山羊队的吉祥物，直到比赛结束的那一天也没有送回来。现在有 4 个嫌疑人：四分卫、中锋、流动后卫、底线后卫。每个人都做了两次陈述。

四分卫和中锋的陈述都是假的，流动后卫的陈述有一次是真的，一次是假的，底线后卫的两次陈述都是真实的。

A：

（1）我不是流动后卫；

（2）中锋偷的。

B：

（1）我不是四分卫；

（2）流动后卫干的。

C：

（1）我不是中锋；

（2）底线后卫干的。

D：

（1）我不是底线后卫；

（2）四分卫干的。

根据上面的陈述，猜猜哪个陈述是哪个嫌疑人的。山羊队的吉祥物是谁偷的？

难度等级　★★★☆☆

多才多艺的姐妹

一位加拿大外交官的4个女儿艾伦、雷妮、谢莉、特莱莎，都是音乐家，每个人演奏一种不同的乐器（这4种乐器分别是单簧管、笛子、钢琴和小提琴），每个人都讲一种不同的语言（法语、德语、西班牙语、意大利语）。

（1）演奏单簧管的女儿不讲法语或德语；

（2）讲西班牙语的女儿特别喜欢她的乐器，因为她不必把它带去上音乐课；

（3）谢莉不讲德语或西班牙语，她也不演奏单簧管；

（4）艾伦不是那个讲德语的女儿；

（5）特莱莎不吹笛子，不演奏单簧管，艾伦也不演奏单簧管。

根据上面的句子，你能猜出4个人分别演奏哪种乐器，讲什么语言吗？

难度等级　★★★☆☆

谁偷了上等牛排

某公司老板有一个巨大的商用冷库，里面装满了上等的牛排。一天夜里，一个小偷打开了冷库的大门，偷走了整整一卡车牛排。

3名嫌疑人被传讯。每个嫌疑人都是人所共知的惯窃，而且都能找到整

整一车牛排的买主。他们的陈述如下。其中，每个嫌疑人都作了两次真实的、两次虚假的陈述。

A：

（1）对窃贼来说，哪一天都是好日子；

（2）我找不到一车牛排的买主；

（3）我是用我的摩托车拉走的；

（4）我看见是C偷的。

B：

（1）我不会开卡车；

（2）我说的并不全是真的；

（3）我是清白的；

（4）A说的全是真的。

C：

（1）我说的全是假的；

（2）我会开卡车；

（3）我们全是清白的；

（4）A有销赃的买主。

你能判断出谁是小偷吗？

难度等级　★★★☆☆

哪种花色是王牌

扑克牌有4种花色：黑桃、草花、红桃、方块。一副牌局中，某种花色比其他花色同点数的牌大，则称这种花色为王牌。例如，如果方块为王牌，则方块5比黑桃5大。

在某副牌局中，有一手牌包括：

（1）正好13张牌；

（2）每种花色至少有一张牌；

(3) 每种花色的牌的数目不一样；

(4) 红桃和方块总数是 5 张；

(5) 红桃和黑桃的总数是 6 张；

(6) 王牌的数目是两张。

哪种花色是王牌?

难度等级 ★★★☆☆

猜名字

智力晚会开始了，主持人小燕对观众说："A、B、C 三位同学中，一个叫'真真'，从来不说假话；一个叫'假假'，从来不说真话；一个叫'真假'，有时说真话，有时说假话。现在，我们开始向这三位同学提问，请大家注意他们的回答。"

小燕问同学 A："请问，B 叫什么名字?"

"他叫真真。"同学 A 回答。

小燕问同学 B："你真是真真吗?"

"我不是真真，我是假假。"同学 B 回答。

小燕又问同学 C："请问，B 到底叫什么名字?"

"他叫假假。"同学 C 回答。

小燕最后问观众："请大家想想，A、B、C 三位同学中，究竟谁是真真，谁是假假，谁是真假呢?"

难度等级 ★★★☆☆

少数民族

赵、钱、孙、李、王五位小朋友一起去看画展。在一幅少数民族画像前，五位小朋友津津有味地指点起来：

赵说：A 是回族，B 是苗族。

钱说：C 是苗族，E 是回族。

孙说：B 是藏族，D 是傣族。

李说：B 是高山族，C 是藏族。

王说：A 是高山族，D 是藏族。

讲解员阿姨听了他们的议论，笑了笑说："你们五位小朋友都各自说对了一半。"

那么，究竟哪一半对了，哪一半错了？也就是说，究竟 A、B、C、D、E 五个头像各属于什么少数民族呢？

难度等级 ★★★☆☆

记错的血型

张三、李四、小赵、小钱四人的血型分别是 A 型、B 型、O 型、AB 型四种血型中的一种，而且各不相同。根据四个自述：

张三说："我是 A 型。"

李四说："我是 O 型。"

小赵说："我是 AB 型。"

小钱说："我不是 AB 型。"

其中有三人讲的是对的，只有一人把自己的血型记错了。

你能推理出究竟是谁记错了吗？

难度等级 ★★★☆☆

羊、狼和白菜

这是一道古老的题目，据说其创作年代可追溯到公元 8 世纪。

一个农夫要带他的羊、狼和白菜过河，可是他的小船只能容下他以及他的羊、狼或白菜三者之一。如果他带狼走，留下的羊将吃掉白菜；如果他带白菜走，则留下的狼会将羊吃掉；只有当人在的时候，白菜和羊才能与它们各自的掠食者安全相处。

试问：农夫要怎样做才能把羊、狼和白菜都带过河？

难度等级 ★★★☆☆

八个牌手

在一次大家庭的聚会上，四对夫妇在两张桌子上打扑克牌。他们的搭档分别是：

（1）约翰逊太太与她的女婿搭档；

（2）琼斯先生的搭档是他妻子的弟弟；

（3）琼斯太太与她的妹妹是对手；

（4）约翰逊先生与他的岳父是对手；

（5）史密斯太太的搭档是她的女儿；

（6）威廉太太和她的爷爷搭档；

（7）约翰逊先生的搭档是个男士，他们坐在桌子1。

你能猜出这八个扑克牌手是如何组合的，两个桌子上各是哪些人吗？

难度等级 ★★★☆☆

邻居的房子

有五家邻居，他们分别是奎格利夫妇、罗德尼夫妇、史密斯夫妇、泰勒夫妇和翁格尔夫妇。他们或者是隔壁邻居，或者是街对面的邻居。他们中有两家的房子是白色的，一家是灰色的，一家是绿色的，还有一家是蓝色的。

（1）两座白色的房子分别在街的两边，都在街道的西头；

（2）奎格利夫妇的房子与别的房子都不对着；

（3）罗德尼夫妇的房子与奎格利夫妇的房子在街的同一边；

（4）蓝色的房子在东边紧挨着罗德尼夫妇的房子，两家房子在街的同一边；

（5）史密斯夫妇的房子不是白色的，也不是灰色的，挨着翁格尔夫妇的房子，而翁格尔夫妇的房子在街的南边；

（6）泰勒夫妇的房子在史密斯夫妇的房子对面。

请问各家的房子在街道的哪边，各是什么颜色？

难度等级　★★★☆☆

网球比赛

在一次网球比赛中，有三男三女是邻居。他们中有三人是天景俱乐部的成员，三人是山村俱乐部的成员；有一人进入了男子单打比赛，一人进入了女子单打比赛，一人进入了男子双打比赛，一人进入了女子双打比赛，还有两人进入了混合双打比赛。

（1）山村俱乐部的球员中，有两个是妇女；

（2）狄克森女士（她不叫克莱尔）和加德纳女士分别为不同的俱乐部参加双打比赛；

（3）唐纳德是他那个俱乐部里的最佳球员；

（4）杰克恩斯特和菲尔（他不姓法莱尔）为各自的俱乐部参加双打；

（5）安妮艾尔文准备捍卫她去年比赛中获得的冠军；

（6）克莱尔在双打比赛中要指望哈特兰，因为哈特兰的经验丰富。

猜猜这 6 名球员，他们每个人的姓名是什么（其中一个人的名是露丝），他们都参加了什么比赛项目，各属于哪个俱乐部。

难度等级　★★★☆☆

各是第几名

某学校举行了一次马拉松赛跑，A、B、C、D、E、F、G、H 共 8 人参加了比赛。比赛结束后，他们有这样一段对话：

A 说：“B 得了第一名；G 不在我的前面。”

B 说："E 没有 G 跑得快；D 不在 H 的前面。"

C 说："H 不比我跑得快；F 不在 D 的前面。"

D 说："我得了第二名；C 不是最后一名。"

E 说："我不在 F 的前面；B 不在我的前面。"

F 说："A 得了第一或者第二名；E 不是第四名。"

G 说："有两人同时到达了终点；D 不在我前面。"

H 说："A 不在我的前面；B 不在 D 的前面。"

这 8 名运动员每人都讲了两种情况。据一位观看了这次比赛的人说，在他们讲述的这 16 种情况中，只有一种是正确的。

试问，哪一种是正确的？这 8 名运动员分别得了第几名？

难度等级　★★★☆☆

打高尔夫球的夫妇

两对夫妇打了一场高尔夫球。每个人的积分都不一样，不过阿尔伯特夫妇的总积分是 187，和贝克夫妇的总积分一样。

下面的句子陈述的是他们的得分情况：

(1) 乔治的得分在 4 个人中不是最低的，不过比平均分要低；

(2) 凯瑟琳的得分比卡罗尔高 3 杆；

(3) 阿尔伯特先生和夫人的得分只差 1 杆；

(4) 两个男人的平均得分比两个女人的平均得分高 2 杆。

猜一猜 4 名球手的姓、名（其中一个是哈利）和得分。

难度等级　★★★☆☆

孰男孰女

有这样一个家庭，其成员只有甲、乙、丙、丁、戊、己、庚兄弟姐妹 7 人。在 7 人中，只知道：

（1）甲有3个妹妹；

（2）乙有1个哥哥；

（3）丙是女的，她有2个妹妹；

（4）丁有2个弟弟；

（5）戊有2个姐姐；

（6）己是女的，她和庚都没有妹妹。

你能判断出这个家庭中有几男几女，谁是男谁是女吗？

难度等级　★★★☆☆

排座次

有老大、老二、老三、老四、老五、老六6个兄弟。这6兄弟都和与自己年龄最接近的哥哥和弟弟关系不好，他们围在一个圆桌上吃饭时绝对不能相挨坐在一起。

假如老三的旁边坐的不是老五，那么在老二的旁边坐着的是谁和谁呢？

难度等级　★★★☆☆

谁去完成任务

在甲、乙、丙、丁、戊5人中要抽调若干人去完成某项任务，但要同时符合下列条件：

（1）丁、戊两人至少要去一人；

（2）乙、丙两人总要去一人；

（3）假如戊去，甲、丁就都去；

（4）丙和丁要么两人都去，要么两人都不去；

（5）假如甲去，那么乙也去。

请问，到底谁被抽调出来了呢？

难度等级　★★★☆☆

真假难辨

请看下图，图中表格的含义是：A 指责 B 说谎话，B 指责 C 说谎话，C 指责 A 和 B 都说谎话。

	A	B	C
A		谎	
B			谎
C	谎	谎	

那么请问，到底谁说真话，谁说假话？

难度等级　★★★☆☆

星期几

有七个老同学，他们所在的公司休息日是星期几各不相同；对于今天是星期几，他们也记不清了，因此争论不休。他们的讨论如下：

A 说：昨天是星期三。

B 说：明天是星期二。

C 说：错了，明天是星期三。

D 说：后天才是星期二。

E 说：不对，今天是星期二。

F 说：今天不是星期一，也不是星期二，也不是星期日。

C 说：今天肯定不是星期六。

现在我们知道，七个人当中只有一个人说对了。

那么，你知道今天究竟是星期几吗？

难度等级 ★★★☆☆

胡说八道

有两个孩子，日子过得糊里糊涂的，弄不清楚今天是星期几了，于是停在上学的路上，想把事情弄清楚。

“当后天变成昨天的时候，”一个孩子说道，“那么‘今天’距离星期天的日子，将和前天变成明天时的那个‘今天’距离星期天的日子相同。”

试问，这些“胡说八道”发生在星期几？

难度等级 ★★★☆☆

天气预报

在《三国演义》中，诸葛亮准确地预测了大雾天气和西北风转东南风的风向变化，他在当时被神化为精于天象推算。在今天，天气预报的神秘性早就被削弱了。不过在我们这本书里，诸葛先生却给鲁肃出了一道难题。在这里推算天气，靠的是逻辑。

诸葛亮对鲁肃说：“我将前天作的天气预报改了一下，如果你能听明白，我可以将后天的天气情况如实相告。”

诸葛亮接着说：“今天的天气与昨天的天气不同。如果明天的天气与昨天的天气一样的话，则后天的天气将和前天的一样。但如果明天的天气与今天的天气一样的话，则后天的天气与昨天的相同。”

诸葛亮的天气预报果然很准，因为今天和前天都下了雨。那么昨天的天气如何呢？

难度等级 ★★★☆☆

魔鬼、人和天使

魔鬼说的都是假话，而人有时说假话，有时说真话。但天使总是说真话。

现在甲说：“我不是天使。”乙说：“我不是人。”而丙则说：“我不是魔鬼。”你能判断出他们的身份吗？

难度等级　★★★☆☆

有几个天使

一个旅行者遇到3个美女，他不知道哪个是天使，哪个是魔鬼。天使常常说真话，魔鬼只说假话。

甲说：“在乙和丙之间，至少有一个是天使。”

乙说：“在丙和甲之间，至少有一个是魔鬼。”

丙说：“我告诉你正确的消息吧。”

你能判断出有几个天使吗？

难度等级　★★★☆☆

设计路线

某参观团根据下列约束条件，从A、B、C、D、E五个地方选定参观地点：① 若去A地，也必须去B地。② D、E两地只去一地。③ B、C两地只去一地。④ C、D两地都去或都不去。⑤ 若去E地，A、D两地也必须去。那么，该参观团最多能去哪几个地方？理由是什么呢？

难度等级　★★★☆☆

谁是牧羊人

“马车夫”先生、“管家”先生、“牧羊人”先生和“猎手”先生一起

去应聘马车夫、管家、牧羊人和猎手这四份工作。结果没有一个人得到的工作和他的名字相关。

(1)“猎手”先生没有被聘为管家。

(2)“管家”先生没有当猎手。

(3)“牧羊人”先生被聘为马车夫。

(4)“马车夫”先生去当猎手了。

按照以上的结果，“管家”先生应该得到了管家的工作，但这显然不对。已知以上四条里有三条是假的。

请问最后谁当了牧羊人？

难度等级　★★★☆☆

答 案

吹破了牛皮

小孩说：“那么，你用什么去装这种液体呢？”

脸上的煤灰

看见对方脸脏的那位女郎，以为自己的脸也和她一样脏，便去洗脸，而看见对方脸干净的那位女郎认为自己的脸也是干净的。解题首先要正确分析题目给出的条件。这个问题的关键在于“互相之间不说话”。

狄利克雷的房间

这个问题的关键在于将 2 号客人与 13 号客人相混了。

这是一种“无中生有”的认知模糊，当我们的思路随着旅店老板走时，已经认可了他的安排。

问题是，暂时住进 1 号房间的两个人是谁？“1 号房间住进了两个人”的判断，是个模糊判断，它既可能被理解为“住的是 1 号客人与 13 号客人”，也可能被理解为“住的是 1 号客人与 2 号客人”。在这种模糊判断的误导下，人们很容易在安排过程中，以“相信”的认知心理，最终把 2 号客人给遗忘了。

但是，当最终的结果与事实相矛盾时，跟随旅店老板的思路就应该戛然而止，把有疑问的“相信”变为批判性的分析：先假定让 13 号客人住进 1 号房间，然后又按顺序把 1 号客人安排在 1 号房间，这样，1 号客人就同 13 号客人住进 1 号房间。接下来的安排理应是：2 号客人住 2 号房间，3 号客人住 3 号房间，4 号客人住 4 号房间……12 号客人住 12 号房间。

问题变得清晰了，由此我们也发现，我们的头脑太容易被他人的思维所左右，尤其是那些貌似合理的逻辑。

个个撒谎

根据“每个人的供词都是虚假的”这一条，我们可以从反面得出以下八条真实的情况：

1. 这四人中的一个人杀害了医生。

2. 甲离开医生寓所的时候，医生已经死了。

3. 乙不是第二个去医生寓所的。

4. 乙到达医生寓所时，医生仍然活着。

5. 丙不是第三个到达医生寓所的。

6. 丙离开医生寓所的时候，医生已经死了。

7. 凶手是在丁之后去医生寓所的。

8. 丁到达医生寓所的时候，医生仍然活着。

根据这里的真实情况1、4、8、2、6可知，乙和丁是在甲和丙之前去医生寓所的。根据真实情况3，丁必定是第二个去的，从而乙是第一个去的。根据真实情况5，甲必定是第三个去的，从而丙是第四个去的。

精神病医生在第二个去他那儿的丁到达的时候还活着，但在第三个去他那儿的甲离开的时候已经死了。因此，根据真实情况1，杀害医生的是甲或者丁。

再根据真实情况7，可确定甲是凶手。

帽子的颜色

离墙最远的那个人必然看到了两顶红色的帽子，或者一顶红色的帽子和一顶黑色的帽子。因为如果他看到的是两顶黑色的帽子，便能知道自己戴的是红色的帽子。

中间的那个人看到的必然是红色帽子，因为如果他看到的是黑色帽子，他就能从第一个人的回答中知道自己必然戴着红色帽子。因此，面对墙的最前面的那个人便能推断出自己只能戴着中间那个人看到的红色帽子。

发牌的判定

假设全副牌不包括大、小王，即总数是52张，则把未发的牌从最后一张开始由下往上发，第一张先发给自己，然后按顺时针顺序把牌发完即可；如果全副牌总数是54张，则第一张牌先发你的对家。

如果正面思考得不到答案，逆向思考也是个好主意。

白马王子

根据1，有三位男士是高个子，另一位不是高个子。根据4，孙和钱都是高个子。再根据5，赵不是高个子。根据2，赵至少符合一个条件，既然他不是高个子，那他一定是小麦肤色的人。但是小丽心目中唯一的白马王子既要相貌英俊，还必须是高个子。根据1，只有两位男士是小麦肤色。于是根据3，李和孙要么都是小麦肤色，要么都不是。因为赵是小麦肤色，所以李和孙都不是小麦肤色的人，否则就有三位男士是小麦肤色了。根据1以及赵是小麦肤色的事实，钱一定是小麦肤色的人。

由于赵不是高个子，李和孙都不是小麦肤色，而钱既是高个子又是小麦肤色，所以钱是唯一符合小丽全部条件的人。因而他的相貌一定英俊。这时，情况变得明朗起来，让我们一起来归纳一下：

李是高个子；

孙是高个子；

钱是高个子、小麦肤色、相貌英俊的人；

赵是小麦肤色的人。

死　囚

不可能，死囚会被处死。因为执行绞刑的日期可以放在规定日期内的任何一天。如果死囚提出“今天不能执行绞刑，因为我已经知道了今天要被处以绞刑，按照法官的命令，今天就不能执行绞刑了”的反对时，行刑者可以这样回答：“要是这样的话，说明你还没有想到今天要执行绞刑，按照规定，你没有想到今天被处死，所以今天能够对你执行绞刑。”

谁说了真话

1 人。只有 D 被释放了，其他人都在说谎。假定 A 说了真话，其他 4 个人之中的 3 人必须和 A 说相同的话，如此分析 B、C，说真话的只能是 D。如果假设 E 说真话则陷入自相矛盾之中。

他们是什么关系

B 和 C 是兄弟，A 是 B 的妻子，E 是 A 的母亲，D 是 C 的子女。

可知 B、C 是男，A、E 是女，则 B、C 为兄弟不难推出。(4) 为 C 所说，A 是 B 的妻子。

家庭谋杀案的凶手

由年龄最小者和死者是异性，可知死者不是年龄最小者。从犯比死者年龄大，可知从犯是父或母。年龄最大者和目击者是异性，而父亲年龄最大，因此，目击者是女性。从犯和目击者是异性，故从犯是男性，因而是父亲。

如果死者是女性，则由年龄最小者和死者是异性，可知年龄最小者是男性并且是凶手（因为目击者也是女性），但根据条件，凶手不是年龄最小者，因此，死者是男性即儿子，并且年龄最小者是女性，即女儿。同样，因为凶手不是年龄最小者，所以，凶手是母亲，女儿是目击者。

猫的主人

(1) 艾莉的猫名字叫露茜；

(2) 露茜的猫名字叫玛丽；

(3) 玛丽的猫名字叫海伦；

(4) 海伦的猫名字叫艾莉。

谁当上了记者

推理这道题的关键是“只有一个人的判断是对的”。甲、乙都说“赵有希望”，则赵被排除了。丁说“赵不可能”，意味着其他5人都可能，那么根据题意，钱被排除了（甲也说钱有希望），孙被排除了（乙也说孙有希望），周、吴也被排除了（丙说他们有希望）。这样，只有李当上了记者，才符合题意（只有丁一人的判断是对的）。

谁拿了谁的伞

由条件可知，甲拿去的伞只可能是丙或戊的；乙拿去的只可能是甲或戊的；丙拿去的伞只可能是甲或丁的；丁拿去的只可能是甲或乙的；戊拿去的只可能是乙或丙的。

先假设甲拿去的是丙的雨伞。这时戊拿去的只能是乙的，丁拿去的只能是甲的，丙拿去的只能是丁的，乙拿去的只能是戊的。这样，乙和戊互换了雨伞，与题意不符，因此假设不成立。

既然甲拿去的不是丙的，那便肯定是戊的了，于是可知乙拿去的是甲的，丙拿去的是丁的，丁拿去的是乙的。戊拿去的是丙的，此结果满足题目的一切条件。所以题目的答案是：丙拿去了丁的雨伞，丙的雨伞被戊拿去了。

小岛方言

能喝。这天是晴天，这个土著人如果是说真话的，那么关于“好天气”的回答为“是”，“梅拉塔——迪”就是“是”的意思了，则“能喝吗?”的回答为“是”。

如果说的是假话，问天气时回答的“梅拉塔——迪”就是“不”的意思。那么，“能喝吗?”回答的是“不能”，固为他说的是假话，所以水池的水是能喝的。

结论是这个土著人不管是说真话的人还是说假话的人，水都是能喝的。

猫和鸽子

李夫人的猫吃了钱先生的鸽子。

首先，我们分析，赵夫人的猫吃了哪位先生的鸽子。赵夫人的猫吃的不是赵先生的鸽子；赵夫人的猫吃的也不是钱先生的鸽子，否则，钱夫人的猫吃的就是陈先生的鸽子，但事实上，钱夫人的猫吃的是赵先生的鸽子；赵夫人的猫吃的也不是陈先生的鸽子，否则，陈先生的夫人就会是赵夫人；赵夫人的猫吃的也不是李先生的鸽子，否则，赵先生的鸽子就会是被孙夫人的猫吃掉的，但事实上赵先生的鸽子是被钱夫人的猫吃掉的。因此，赵夫人的猫吃了孙先生的鸽子。这样，李夫人的猫吃的或是陈先生的或是钱先生的鸽子。李夫人的猫吃的不是陈先生的鸽子，否则，李夫人的丈夫就会是孙先生。所以李夫人的猫吃的是钱先生的鸽子。

一对姐妹

是上午，胖一点的是姐姐，瘦一点的是妹妹。

假定现在是下午，而姐姐下午说假话，那么姐姐（还不知道是哪一个），应该回答“我不是”才对，但回答却恰好相反，因而可以断定是上午。得出这个结论后就可判断说真话的是姐姐——即长得胖一点的。像这样的问题只要明确推论形式，构造假设就行了。突破口一旦找到了，问题就能轻而易举地解决。

购　物

A 在一层买了一双鞋；B 在三层买了一本书；C 在二层买了一架照相机；D 在四层买了一块表。

巧断性别与职业

老大色盲，所以肯定不能绘画。老二腿脚不方便，肯定不能打篮球。根据小孩看篮球赛时说的话，推断老大为篮球运动员，且为男性。而且老大必有弟、妹各一个（叫“舅舅”者是妹妹的孩子，叫“伯伯”者是弟弟的孩子）。

画家将孩子寄留在孩子的姑妈家，则画家为男性，而翻译则为女性。

又因为老三患有口吃，无法诵读外语，其职业只能是画家。

综上分析，可知老大是男性、篮球运动员；老二是女性、翻译；老三是男性、画家。

杂货店的伙计

一共只有两顶红色的帽子。当打开电灯的时候，店主的头上已经戴着一顶红色的帽子，这是胖子和瘦子同时看到的。如果瘦子再看见胖子头上戴的是红的，瘦子会立即判断出自己戴的是黑色的。同样，胖子看到瘦子戴的是红的，也会立即做出自己的判断，说自己戴的是黑色的。可是灯亮后，胖子和瘦子谁也没有立即作出判断，原因肯定是瘦子看见胖子戴的和胖子看到瘦子戴的都一样，不是红色的。所以瘦子知道自己戴的是黑色的。

如果在自己的推导过程中，考虑到对方是怎样思考，而对方又怎样考虑第三个人是怎样思考的，那么，这种一层包含一层的推理过程，就把三人的推理过程统一为一个整体。将别人的推理过程纳入到自己的推理过程是解决这道题的关键所在。

酒鬼和礼品

“花雕”先生所收到的礼品是“西风”先生送的。“茅台”先生送给“二锅头”先生花雕酒；“二锅头”先生送给“西风”先生五粮液；“西风”先生送给“花雕”先生茅台酒；“花雕”先生送给“五粮液”先生二锅头；“五粮液”先生送给“茅台”先生西风酒。

谁的年龄最大

首先必须考虑到一个是纽约人，三个是东京人。

先考虑 A 的陈述。如果 A 像他说的那样是个纽约人，那么 A 所说的都是真实的。如果 A 是一个东京人，那么他第二次说的是虚假的，第一次和第三次说的是真实的，这样，A 是最老的，C 是最年轻的，或者是第二年轻的。C 第一次说他是最老的，是虚假的。那么，他是三个东京人之一。他的第二次陈述说，B 比 D 老 20 岁是真实的。所以，A 是 80 岁，B 是 60 岁，C 是 20 岁，D 是 40 岁。

D 第一次说的是真实的，因为他证实了我们已经知道的，即 C 没有 A 老。可是他的第二次陈述，说他比 B 老，是虚假的。D 是东京人。

B 的两次陈述都是真实的，因此，B 是纽约人，A 是第三个东京人。

答案如下：

A：东京人 80 岁；

B：纽约人 60 岁；

C：东京人 20 岁；

D：东京人 40 岁。

谁是聪明人

聪明人是 B。假设聪明人是 A，则 B 和 C 都不是聪明人。这样就会得出 A 和 C 都没通过物理考试的结论，与条件矛盾，不成立。

假设聪明人是 C，则 A 和 B 都不是聪明人。这样就会得出 B 和 C 都没通过化学考试的结论，与条件矛盾，不成立。

假设聪明人是 B，则可得出 B 是唯一通过了物理考试，也是唯一的没有通过化学考试的人，所以成立。

（注意：从“如果我不聪明，我将不能通过化学考试”，不能得出结论“如果我聪明，我将能通过化学考试”。）

小熊的朋友是谁

根据已知条件，经过逻辑推理后可知小兔、小鸭、小鸡、小狗、小熊依次坐在 B、C、D、E、F 凳上，小熊的朋友则坐在 A 凳（方凳）上。据此，我们亦可推知，小猴只能是坐 A 凳上，因此，小熊的朋友也必然是小猴。

六个专家

A 是小说家，B 是诗人，C 是剧作家，D 是音乐家，E 是考古学家，F 是杂文家。

释放犯人

被释放的犯人数只能有如下 3 种情况：

(1) 有 4 个或 4 个以上的人戴黄帽子——全体释放；

(2) 有 3 个人戴黄帽子——释放 7 人；

(3) 有 2 个以下的人戴黄帽子———个也没有释放。

哪个是门铃按钮

通门铃的按钮是从左边数第五个。如果用 F 表示该按钮，这 6 个按钮自左至右的位置依次是 DECAFB。

乱配鸳鸯

因 A、甲、C 三人都说谎，所以 A 不娶甲，甲也不嫁 C。所以甲嫁给 B，C 不娶丙，所以 C 娶乙。剩下是 A 娶丙了。

谁偷了吉祥物

A 是底线后卫，B 是四分卫，C 是中锋，D 是流动后卫。山羊队的吉祥物是中锋偷的。

多才多艺的姐妹

戈伦：钢琴，西班牙语；

雷尼：单簧管，意大利语；

谢莉：笛子，法语；

特莱莎：小提琴，德语。

谁偷了上等牛排

C偷了上等牛排。

哪种花色是王牌

根据条件（4）和条件（5），红桃的数目必定小于或等于4。假设红桃的数目是1，则方块的数目是4，黑桃的数目是5，草花的数目是3，这和王牌的数目是2矛盾，故不成立。

假设红桃的数目是2，则方块的数目是3，黑桃的数目是4，草花的数目是4，和每种花色的牌的数目不一样多的条件矛盾，故不成立。

假设红桃的数目是3，则黑桃的数目也是3，同样不成立。

假设红桃的数目是4，则方块的数目是1，黑桃的数目是2，草花的数目是6，成立。

因此黑桃是王牌。解这道题会有多种思路，你的解题思路是不是比上述方法更简单一些呢？

猜名字

A、B、C三位同学都做了回答，但答案各不相同，使人感到一时无从下手。这时候，不要畏难，也不要急躁，要善于抓住具体问题进行具体分析，一次分析不成功，可以分析第二次、第三次，信心和耐心在这里成了推理成功的关键。

我们先试着分析同学A的回答：

A说B叫“真真”，这样，无论A说的是真话还是假话，都说明A不会是真真（如果A说的是真话，那么B是真真；如果A说的是假话，那么，说假话的A不可能是真真）。

B说自己“不是真真”，如果是真话，自然说明B不是真真；如果是假话，那么，说假话的B当然也不会是真真。

由此可以推断，真真只可能是同学 C 了。

既然同学 C 是从不说假话的真真，那么，C 说 B 叫“假假”，B 就肯定是假假了。还有同学 A，他就只能是真假了。

少数民族

A、B、C、D、E 五个头像依次为高山族、苗族、藏族、傣族和回族。

记错的血型

先作如下分析：

（1）假如张三记错，那么张三不是 A 型，而李四是 O 型，小赵是 AB 型，因此张三必为 B 型，小钱必为 A 型。与小钱说的“我不是 AB 型”没有矛盾。

（2）假如李四记错，这种情况实质上与（1）相同，没有矛盾。

（3）假如小赵记错，那么小赵不是 AB 型，而张三是 A 型、李四是 O 型，于是小赵是 B 型，小钱是 AB 型。这与小钱说的话不符，这也是不可能的。

（4）假如小钱记错了，那么小钱是 AB 型，于是小赵不是 AB 型，这与小赵说的话不符，这也是不可能的。

由上可知，四人中要不是张三记错，便是李四记错，所以可能是上述两种情况中的一种。

羊、狼和白菜

由于狼会吃羊，羊又会吃白菜，所以先由羊开始解决，问题就简单了。步骤如下：（1）先带山羊到对岸，只有农夫回来；（2）再把狼带到对岸，把山羊带回来；（3）把菜带到对岸，农夫回来；（4）最后把山羊带到对岸。

八个牌手

根据陈述（5），史密斯太太的搭档是她的女儿，也就是说搭档可能是约翰逊太太、琼斯太太，或者是威廉太太。根据陈述（1），约翰逊太太的搭档是她的女婿，根据陈述（6），威廉太太的搭档是她的爷爷。因此，史密斯太太的搭档是琼斯太太。

根据陈述（6），威廉太太的搭档是她的爷爷，也就是说可能是琼斯先生、史密斯先生，或者是约翰逊先生。根据陈述（7），约翰逊先生的搭档是一个男人，因此，威廉太太搭档是史密斯先生。

根据陈述（1），约翰逊太太的搭档是她的女婿，也就是说可能是琼斯先生、史密斯先生，或者是威廉先生。我们知道，琼斯先生的搭档是他妻子的弟弟，而史密斯先生的搭档是威廉太太。因此，约翰逊太太的搭档是威廉先生。

琼斯先生和约翰逊先生是一对搭档。

根据陈述（4），约翰逊先生和他的搭挡琼斯先生的对手是他的岳父史密斯先生（史密斯太太的女儿是琼斯太太）和威廉太太，他们在桌子1。根据陈述（5），琼斯太太（她的搭档是史密斯太太）的对手是她的妹妹、约翰逊太太和威廉先生，他们在桌子2。

所以，桌子1：史密斯先生和威廉太太，约翰逊先生和琼斯先生；桌子2：史密斯太太和琼斯太太，威廉先生和约翰逊太太。

邻居的房子

奎格利夫妇：街的北边，灰色；
罗德尼夫妇：街的北边，白色；
史密斯夫妇：街的南边，绿色；
泰勒夫妇：街的北边，蓝色；
翁格尔夫妇：街的南边，白色。

网球比赛

安妮·艾尔文，女单，山村俱乐部；
克莱尔·加德纳，混双，天景俱乐部；

唐纳德法莱尔，男单，山村俱乐部；

杰克·恩斯特，男双，天景俱乐部；

菲尔·哈特兰，混双，天景俱乐部；

露丝·狄克森，女双，山村俱乐部。

各是第几名

对 16 种发言逐一假设是正确的，可推知只有在 E 所说的“我不在 F 的前面”是正确的时候，其他 15 种发言才都有可能是错误的。因此，我们可以说在 16 种发言中，只有 E 说的“我不在 F 的前面”是正确的。

进而在 E 的这句话正确、其他 15 种发言全错的情况下，便可以很容易推知在这次比赛中得第 1 ~8 名的顺序依次是 F、B、D、E、G、A、H、C。比如从 D 的话中可推知 D 不是第二名，C 是最后一名；从 F 的话中可以推知 A 不是第一或第二名，E 是第四名。余下的依此类推。如果你没有解出这道题，可以再循着这条思路去解一次，相信这次你肯定能解出来。

打高尔夫球的夫妇

考虑到 4 个球手的平均分是 95.5 杆（187 除以 2），因此，根据陈述（3），阿尔伯特夫妇中，一个人的成绩为 95，另一个是 94。根据陈述（4），两个男人的平均分是 94.5，两个女人的平均分是 92.5。

根据陈述（2），凯瑟琳的成绩一定是 94，卡罗尔的成绩是 91。因此凯瑟琳姓阿尔伯特。根据陈述（1），她的丈夫是乔治，乔治的成绩是 93。卡罗尔·贝克的丈夫是哈利，哈利的成绩是 96。

结果是：

卡罗尔·贝克：91 分；

乔治·阿尔伯特：93 分；

哈利·贝克：96 分；

凯瑟琳·阿尔伯特：94 分。

孰男孰女

有四男三女。甲、乙、戊、庚是男人，丙、丁、己是女人。从（6）得知：己是女的，庚是男的。从（1）、（3）、（5）、（6）可知：这7个人中，只有3个人是女的。从（3）、（5）可以肯定丁是女的。从而可知，其余4个人，即甲、乙、戊、庚一定都是男的。

排座次

老五和老四。排列方法如图所示（倒过来也可以）。

谁去完成任务

可作如下推断：

假设甲去，根据第（5）条乙也去，根据第（2）条丙不去，根据第（4）条丁不去，根据第（3）条戊去，根据第（1）条丁也去。可知，在让甲去的前提下，就要推出丁去、丁又不去的矛盾结论，故甲不能去。

假设甲不去，根据第（3）条戊不去，根据第（1）条丁去，根据第（4）条丙也去，根据第（2）条乙不去，没有矛盾。因此，在甲、乙、丙、丁、戊5人中应该让丙、丁2人去完成任务。

真假难辨

竖看看表：有一人说 A 说谎，有两人说 B 说谎，也有一人说 C 说谎。既然 A 和 C 都说 B 说谎，那么他们俩要么都说谎，要么都说真话。如果 A 和 C 都说真话，那么 C 就不会指责 A 说谎话，这显然与题中 C 指责 A 说谎话相矛盾。因此 A 和 C 都说真话的假设是不成立的。所以只有 A 和 C 都说谎话，那么 B 就是说真话的，验证 B 对 C 的指责也是正确的。

所以最后判断的结果是：B 说真话，A 和 C 说谎话。

星期几

今天是星期六。

假如 A 说得对，即昨天是星期三，那么 F 说得也对。这与“只有一个人说得对”相矛盾。

照此方法推理，分别假设其他人说得对，就可以推出只有 F 说得对，且今天是星期六才符合条件。

胡说八道

两个孩子过日子实在是太糊涂了，竟在星期天早上去上学了。

天气预报

请注意，这一天气预报是前天发布的，所以预报中说的后天就是今天。由此一步步进行推论就能得出：昨天的天气和前天的不同。由于前天下了雨，故昨天的天气是无雨。如果把答案说成“昨天是晴天”，那就不准确了，因为与雨天不同的天气也可能是阴天。

魔鬼、人和天使

甲是人，乙是天使，丙是魔鬼。

有几个天使

至少有 2 个天使。

假设甲是魔鬼的话，由此可推断他们几个都是魔鬼，那么，乙是魔鬼的同时又说了假话，存在矛盾。所以甲是天使。假设乙是天使的话，从她的话来看，甲就成了魔鬼，相反，假设乙是魔鬼的话，从她的话来看，丙就是天使了。所以，无论怎样，都会有 2 个天使。

设计路线

（1）若去 A，由①可知，则必须去 B 地；去 B 地，由③可知，则不去 C 地；又由④得知也不能去 D 地；再由②可知一定去 E 地；这时再根据⑤可得知必去 A、D 两地。这样既去 D 地，又不去 D 地，产生矛盾，所以参观团不去 A 地。

（2）若去 B 地，则不去 C 地，也不去 D 地，但一定去 E 地，从而必须去 A、D 两地，这样，同样产生 D 既去又不去的矛盾，所以参观团不去 B 地。

（3）若去 E 地，由⑤可知必去 A、D 两地，这和②中的要求 D、E 两地只去一处相矛盾。因此，也不能去 E 地。

（4）去 C、D 两地，可同时符合 5 个限制条件。所以参观团最多只能去 C、D 两个地方。

谁是牧羊人

“马车夫”先生当上了牧羊人。

类比判断能力

所谓类比判断，是在不同种的事物之间进行概念含义上的比较与判断。由于是不同种的事物，所以它们的概念含义是不可能等同的，只存在相像或不相像的这两种情形。不同种的事物也不好进行数量上的大小比较，比如5个恒星与3头牛，这种数量比较是没有意义的，数量大小的比较与判断，一般是在同种事物之间进行的，2头牛与6头牛，都是牛，就好比较大小了。当然，类比判断的对象也并不局限于具体的事物，它们也可以是抽象的东西，比如方法、概念等。下面，我们就一起来看看类比判断能力的思维游戏吧！

多少工作日

在一个特殊的工作部门有这样一条奇怪的规定：假设某一天为休息日，这一天的前一天如果不休息的话，第二天就休息；如果休息的话，第二天就不休息。再假设某一天为工作日，且这一天的前两天不上班的话，那么第二天为工作日。如果这一天的前两天上班的话，那么第二天就休息。

那么，在一年的365天中，这个部门的职员究竟要工作多少天？

难度等级　★★☆☆☆

她能离婚吗

美国艺术界的离婚率高得出奇。一名女画家对一名律师说：“我们夫妻俩对每件事的意见都有分歧，一年到头吵个不停。我想离婚，行不行？”律师考虑了一下，回答说：“那是不可能的。”

你知道律师这样回答的根据是什么吗？

难度等级　★★☆☆☆

药丸的重量

某制药厂最近新生产了一批感冒药，每 100 粒装在一个瓶子里，6 个瓶子为一箱。在推向市场之前，制药厂必须把这些药丸送到药检局检验。一天，制药厂收到紧急通知：这一箱药丸里，有几个瓶子里的每一粒都超重 1 毫克。

如果每一瓶都取出一粒药丸来称量，那么一共需要称 6 次才能得出结果。能不能想出一个最好的办法，称一次就能把问题解决呢？

难度等级　★★★☆☆

直线变曲线

小柯的哥哥正在家里举行同学聚会呢！大家都很喜欢听小柯家的老式唱片机里播放的悠扬音乐，有的谈天，有的跳舞，有的玩游戏，热闹极了。这时，一个扎着马尾辫的女孩对大家说：“我并没有喝酒，我本来想画直线，可画好后一看却是曲线，但是一画曲线结果又变成了直线。请告诉我，这是为什么？当然我是用普通的笔在一张平纸上画的。”

你知道这是怎么回事吗？

难度等级　★★★☆☆

野餐速成

野餐要准备食物，需要将面包片两面烤好。烤面包片的一面需要 30 秒。现有一个烤箱，一次能烤两片面包。如何用一分半钟就烤完三片面包？

难度等级　★★★☆☆

愚人节的谎话

每逢愚人节，小明总是上当受骗。今年他打算报复一下，也骗骗别人。其实，只要说一句简单的话，就可以使对方受骗。

请问这句话是什么？

难度等级　★★☆☆☆

多少人爬山

下面是一名爬山专家接受记者采访时的谈话内容。记者问："这个秋季有多少人随同你成功地攀上了最后那座高山？"

爬山专家答："你自己计算一下吧。不太多，但也有几个——两个人在一人之前，一人在两人中间；嗯，我走得比他们快，回头一看，发现一人在两人之前。"记者微微一笑，已经在本子上写下了随同专家爬山的人数。

你知道共有多少人攀上了高山吗？

难度等级　★★☆☆☆

削苹果

小梅的妈妈用水果刀削苹果皮。开始时，妈妈熟练地往右边削着皮。可是过了一会儿又看时，妈妈正往左边削着皮。"途中皮断了，重新往反方向削了吗？”小梅问。但是妈妈说她削的皮一直都连着，削苹果的方向也一直都没有变，当然，还是刚才那个苹果。

这是怎么回事呢？

难度等级 ★★☆☆☆

哪杯冷得快

在同样条件下，将两杯不同温度的牛奶放到冰箱里，温度高与温度低的牛奶，哪杯冷得快呢？

难度等级 ★★☆☆☆

涨 潮

每年七、八月是淡水河涨潮的季节。七月的某一天，岸边停着一艘船，船上系着一条打结的绳子，而结与结之间的间隔是 25 厘米，最后一个结则刚好接触到水面，河水以 20 厘米/小时的速度上升。

请问，要经过多少时间，河水才能将绳子的第四个绳结淹没？

难度等级 ★★☆☆☆

阿凡提染布

一天，财主老爷拿出了一块布料，来到阿凡提开的染布店，说道：“阿凡提，给我这块布染色。”阿凡提问他想要什么颜色，财主刁难道：“我不要白色的，不要黄色的，不要蓝色的，也不要红色的，更不要黑色的……”他把所有的颜色都说了一遍，故意为难阿凡提，聪明的阿凡提想了一下说：“不要紧，到时来取吧！”财主连忙问：“什么时候？”阿凡提巧妙地回答了一句，让财主悻悻而归。请问，阿凡提是怎样回答财主的呢？

难度等级 ★★☆☆☆

不合格的008号

商店营业员008号在卖西瓜，满4千克的每500克1角；4千克以下的，每500克8分。他给顾客称了一个西瓜后说："这个西瓜刚好7角。"顾客听了马上说："你算错了！"请问，顾客说的对吗？

难度等级　★★☆☆☆

伪慈善家

慈善家洋洋得意地说："在上个礼拜，我把50枚银元施舍给10个可怜的人，我不是平分给他们的，而是根据他们困难的程度进行施舍。因此，他们每个人得到银元的枚数都不相同。"一个聪明的青年听了很生气，说："你是一个伪慈善家，你说的全是谎话！"

这个青年为什么这样说？根据什么？

难度等级　★★☆☆☆

取电影票

父亲叫小明过来，说："你到书房里把一张电影票拿来，电影票夹在《当代》杂志的57和58页之间。"小明听了，马上对父亲说："爸爸您大概记错了。"小明凭什么说爸爸记错了？

难度等级　★★☆☆☆

农夫的动作

从前，有一对勤劳的夫妻在山坡上开垦了几块田地，种了小麦，可贪财的地主看见了，总想把地占为己有，便生出一条诡计，每天把家里的鸡全赶到农夫的地里。农夫看到自己的庄稼被糟踏，非常心痛。他惹不起财主，只能忍气去赶鸡，可是这边赶跑，那边又来，弄得他毫无办法。他愁眉不展地回到家中与妻子商量。妻子听完农夫的讲述，说：“明天，你只要到地里做个动作，要让地主看见，又不要让他看清，他就不会再放鸡了。”第二天，农夫一试，果然有效。

请你猜猜，农夫做了个什么动作？

难度等级　★★☆☆☆

为国王画像

从前，有个国王，瘸了一条腿，瞎了一只眼睛。他想得到一张称心如意的画像，便召来三位著名的画家为他作画。一位画家把国王画得仪表堂堂，气概非凡，特别是把两只眼睛画得炯炯有神，把两条腿画得健壮有力。国王一看，很不满意，气愤地说：“睁着眼睛胡画，肯定是个拍马逢迎的骗子。”

第二位画家把国王画得维妙维肖，简直像国王本人一样，瞎眼瘸腿一目了然。国王看过大发雷霆，把画像踩在脚下吼叫起来。

第三位画家十分从容地画好了，发怒的国王一见到这张画像，顿时转怒为喜，连声称赞画得好。

第三位画家是怎样画的呢？

难度等级　★★☆☆☆

和尚的磬

从前，有一个和尚，他的房间里收着一个磬。这个磬有时半夜三更或大白天突然发出响声。和尚以为是鬼在捉弄他，十分惊慌，最终得了病。

一天，和尚的朋友来看望他，就在探望时，传来了寺院里敲钟的洪亮响声，这时，和尚房里的磬也跟着响了起来。和尚吓得面色惨白，浑身哆嗦。

这位朋友一下就明白了，他找来一把锉，把磬上锉缺几处地方。从此以后，磬就不再自鸣了，和尚的病也好了。

这个磬不敲自鸣的秘密在哪里呢？

难度等级　★★☆☆☆

发火的过路人

一个人赶着毛驴拉的货车，怎么也上不了坡。一位过路的人自动上前帮着推上了坡。赶车的人激动地说：“太感谢您了！要不是您帮忙，一头毛驴实在没法拉车上坡！”过路的人听后反而生气发火了。

这是为什么？

难度等级　★★☆☆☆

左右脚同时迈出

一个中学生和一个小学生并肩一起步行上学。他们正好都用右脚同时起步，而这位中学生的跨步大，这位小学生走三步方能跟上这个中学生的两步。请分析一下，从二人都用右脚起步开始到二人都用左脚迈出为止，小学生应走出多少步？

难度等级　★★★☆☆

阿凡提的解释

阿凡提给一个常干坏事的家伙剃头。因为他太坏了，阿凡提想整治他一顿。刮脸时问他：“眉毛要不要？”“当然要。”那家伙回答。阿凡提飕飕几刀，就把两道眉毛刮下来，送到他手中说：“要就给你！”这个坏人气得说不出话来，谁叫自己说要呢？阿凡提又问：“胡子要不要？”“不要，不

要!”这回他连忙答道。阿凡提说:“好,不要就刮掉!”又飕飕几刀把他的胡子刮下来,甩在地上。这个坏人的脑袋被刮得精光,像个鸡蛋。

他怒气冲冲地质问阿凡提:“为什么剃成这样?”阿凡提解释道:“我是遵照你的吩咐剃的呀!”阿凡提解释一番,对方听了无可奈何。你分析一下阿凡提是怎样解释的。

难度等级 ★★★☆☆

包公断案

两个妇女为争夺一个不满周岁的小孩来找包公打官司。她们都说孩子是自己的儿子,并把孩子的生辰八字,相貌特征说得头头是道。包公在公堂上画了一个圆圈,把孩子放在圈中,然后对两个妇女说:“现在你们各站一边拉这个孩子,谁拉过去就算是谁的。”当孩子大哭起来的时候,一位妇女忽然松了手,另一妇女还在拉。包公说:“不要拉了,我知道这孩子是谁的了!”

包公是怎样知道孩子的母亲的?

难度等级 ★★★☆☆

聪明的西诺特猜

泰国国王把聪明的西诺特猜叫到大臣面前说:“听说你聪明机智,我想考考你。”接着问诸位大臣:“考他什么?”一位大臣说:“就考考他,我们各位在想什么,如猜对了,我们每人给他10两黄金,如果猜错了,他就给我们每人10两黄金,国王,您看行不行?”国王答应了。

西诺特猜接着说:“我十分清楚诸位大人心里想什么,我能把你们心里的话说出来。如果诸位大人认为我说错了,你们心里想的和我说的正好相反,那就请诸位立刻提出来。如果认为我说的不错,你们心里想的和我说的完全一致,那就请你们马上把金子给我。”

过了一会儿，西诺特猜说出了一段话，大臣们听了，都频频点头，没有一个不说“是”的，乖乖地认了输，给了金子。你认为西诺特猜说的是什么话？

难度等级　★★★☆☆

诚实的马德

国王把诚实的马德叫来说：“马德，听说你从来没有撒过谎，是真的吗？”“是真的，”马德说，“将来我也不会撒谎！”几天后，国王召集了很多人准备去打猎，上马前对马德说：“你去王宫告诉王后，就说我中午到她那里去，叫她准备好饭。”马德鞠躬答应后就去告诉王后。国王哈哈大笑，对大臣说：“我不去吃饭了，这一来，马德就要对王后撒谎了，明天就可以讥笑他。”虽然国王中午没有去王宫吃饭，但是马德又没有说谎。

请你说一说，马德应当怎样说才能做一个不撒谎的人？

难度等级　★★★☆☆

一块石子

1989年，我国考察船驶到了南极。无边无际的冰原里找不到陆地。正在发愁时，捉到了一只企鹅，宰杀时发现嗉囔里有一块石子，考察队员高兴地喊了起来：“找到陆地了！”

为什么说找到陆地了？

难度等级　★★★☆☆

李子是苦的

六月的田野，美丽极了，王戎和小伙伴在捕捉昆虫。忽然看见路旁边有一棵李子树，那紫红色的李子压弯了树，一看就知道熟了。小伙伴争相

跑去摘。王戎却站在那里，一动不动。有人问他："王戎，人家都抢着去摘李子，你为什么不去？"王戎说："李子是苦的。"话音刚落，那些摘李子的小伙伴都离开了李子树往回跑，让李子苦得直咧嘴，有的人把李子往地下摔。李子真的是苦的。

你想一想，王戎是怎样知道李子是苦的呢？

难度等级　★★★☆☆

聪明的射手

楚王到处求仙访道，想得到长生不死的药。有一天，果然有人献给他不死之药，楚王很高兴，命令侍卫队的射手把药拿上来。但这位射手接过不死之药后，却自己吃了。楚王大怒，命人把射手抓起来杀掉。射手不慌不忙地说了几句话，使得楚王不知道该怎么办，最后放了他。

请问，这位射手对楚王说了什么？

难度等级　★★★☆☆

摘椰子

有一只小猴子想去摘树顶上的椰子。现在已知这椰子树高 10 米，而这只小猴子在一分钟内可以向上爬 3 米，不过在接下来的一分钟内则会向下滑落 2 米。

如此类推，这只小猴子一共要多少时间才可达到树顶呢？

难度等级　★★★☆☆

运动员的房间

1 ~ 10 号运动员都住在宾馆。一天晚上，4 号运动员的朋友来访，可是，不知道 4 号运动员住在哪个房间。服务员告诉他，1 ~ 10 号运动员住在 9 ~

13 号房间，每 2 个运动员住一间。每 2 个运动员的号码之和正好是他们住的房间的号码，7 号运动员住在 10 号房间，请你自己去找吧。

请问 4 号运动员住在哪个房间？

难度等级　★★★☆☆

聪明的大臣

有位国王定出一条法律：凡是罪犯处死前，叫犯人在木箱里抓阄，一个写着“生”，一个写着“死”。如摸到写“生”字的纸卷，当众就释放；如摸到写“死”字的纸卷，就立刻杀头。

有位正直的大臣遭到得宠宰相的诬告陷害而被强加了罪名。宰相为了使大臣在抓阄时没有生的希望，用重金收买了掌管木箱的法官。法官同意两张都写“死”字。这样无论摸到哪一张，都是死。一个有正义感的仆人把这事告诉了狱中的大臣，大臣很感激他。抓阄的时间到了，法官把木箱放在国王面前，宰相站在一旁心想：“这回他是死定了。”大臣泰然地走到木箱前，伸手摸了一张。可是结果呢，大臣并没有死，国王依据法律把他放了。

请你猜一猜，大臣用什么办法免除一死呢？

难度等级　★★★☆☆

过　河

有一班同学都不会划船，他们来到河边，要过河去野游。桥没建成，河水又很深。怎么办？同学们忽然看见有两个会划船的孩子坐在一只小船上玩。这只小船只能同乘一个同学或两个孩子，不能再多了。但全班同学却利用这只小船都顺利地渡过了河。

他们是怎样过的河？

难度等级　★★★☆☆

让人犯愁的驴

爷孙二人牵一头小毛驴去赶集。爷爷让孙子骑着毛驴，他跟在后面赶着走。走不远就听到路上的人指责说："你看那个孩子，真不懂事，他骑着驴，让老人在后面走。"听了这话，孙子赶忙下来，让爷爷骑上毛驴，没走多远，又听见别人批评说："这老头真狠心，让小孙子在后面走，自己骑在驴上。"爷爷听到这些话忙从驴背上下来，和孙子一起在驴后面走。走了一会儿，又听见别人讥笑说："你看这一老一少，真是一对大傻瓜，闲着驴不骑，却磨鞋底子受累。"听到这些话，爷孙二人都骑上了驴。刚骑上驴走了几步，就听到："哼！也不怕把毛驴压死，看来他们馋驴肉了！"听到这种谴责，爷孙下来，拿出绳子把驴捆起来，找一根木棒抬着走。这样一来，过路的人更笑了，说："这爷孙真是对大傻瓜……"爷孙二人停下说："一人骑，二人骑，都不骑，都骑，抬着毛驴，都不是！这可怎么办？"他们发起愁来。

他们该怎么办？

难度等级　★★★☆☆

水池的面积

有一个边长为2米的正方形水池，池的四角栽了4棵树，如图所示。由于需要，要求把水池的面积扩大一倍，同时不移动树的位置。请你解决一下。

难度等级　★★★☆☆

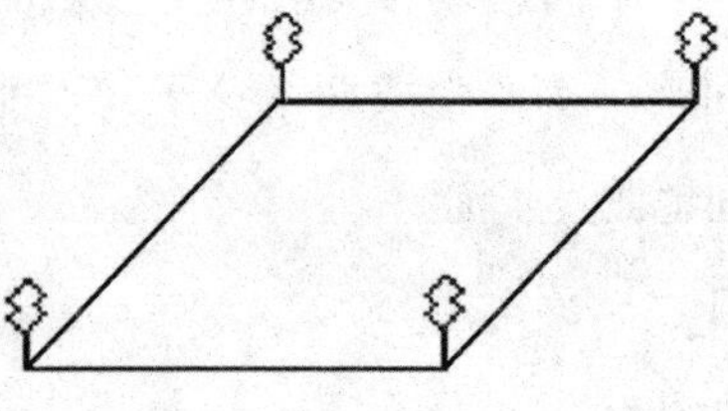

立鸡蛋

1493 年，哥伦布发现美洲新大陆返回西班牙。国王为哥伦布举行盛大欢迎会。有些贵族心怀嫉妒，他们想当众给哥伦布难堪。有人对哥伦布说：“谁都能横渡大西洋，找到那个岛，不过是让你正巧碰上了。其实，这是世界上最简单不过的事了。”接着七嘴八舌地挖苦哥伦布。哥伦布顺手从桌上拿起一个鸡蛋，举到贵族们面前说：“先生们，你们谁能让这个蛋尖朝下竖立起来？”马上就有人上来试放，但他们最后得出一致结论说：“这是完全不可能办到的事情。”哥伦布拿起鸡蛋就竖立起来。

好多同学都知道这个故事，哥伦布用打破鸡蛋的办法使鸡蛋竖立了起来。但有人感到有些美中不足。你能不能在不打破鸡蛋的前提下把鸡蛋在桌子上竖立起来呢？

难度等级　★★★☆☆

吴七的笑话

有位国王，生活得百无聊赖。他下了一道命令：“谁能讲故事使国王哈哈大笑，就赏给谁 10 两黄金，若不能引国王大笑，赏 100 大板。”于是有许多人到国王那里去讲笑话，可惜没有一个人能让国王发笑，每个人都挨了 100 板子。

有一个叫吴七的人，主动要求进宫讲笑话。可是吴七是贫民，不能随便进宫，有位大臣就跟吴七说：“我领你进宫，但你得到的赏钱要分给我一半。”

吴七进宫见了国王，比比画画地一连讲了三个笑话，不但没有把国王讲笑，反而使国王气愤起来。旁边的大臣也烦躁起来。国王命令卫士打板子。

打到 50 板子时，吴七喊到：“陛下，请住手！我有话要讲。”国王命令道：“住手！让他讲。”吴七讲了几句话，国王听得哈哈大笑，奖励了吴七。吴七讲的是什么话？

难度等级　★★★☆☆

孙膑的办法

孙膑到了齐国以后，齐威王拜他为军师。有一天，齐威王想找机会考一考孙膑，就率领大臣来到一个小山脚下。齐威王坐在石头上对众人说："你们谁有办法让我自己走到这座小山顶上去？"大家都说出自己的办法。田忌说："现在正逢叶落草黄，在您的周围点一把大火，大王就得往山上走。"

齐威王笑道："用火攻，这办法太笨了。"

另一位大臣说："用水淹。"齐威王摇了摇头。

还有的说："找外国军队来抓你。"大家说了一大堆办法，齐威王都一笑了之。

齐威王回头问孙膑有没有办法。孙膑说出了自己的办法，齐威王果然自己走了上去。这是什么办法呢？

难度等级　★★★☆☆

谁是凶手

这是一宗十分奇妙的案件。有两兄弟，为了争夺家产结了仇，见面都互不理睬。

有一天，人们发现哥哥死在街头，而弟弟却失踪了。

警方在现场调查发现：死去的哥哥的血型是 A 型，而在他身上，发现有 AB 型的血迹，警方认为是凶手留下的。据调查，死者的父亲的血型是 O 型，母亲的血型是 AB 型，但死者弟弟的血型是什么，却不清楚。

有人认为杀人凶手一定是死者的弟弟。你根据上述材料想想看，失踪的弟弟会不会是凶手？

难度等级　★★★☆☆

赛　马

马超、李卫各养一匹马。他们想进行一次特殊比赛：看谁的马跑得慢。比赛开始，两个人都骑着自己的马不动，僵持了好久，比不出结果。一位同学想出了一个好办法。

请你想一想，这是什么办法？

难度等级　★★☆☆☆

老虎和牛

三头牛和三只虎要渡过河去，只有一条小船，每次能运装两头过河，但不能空船回来，为了防止虎吃牛，在一边岸上的牛数不能少于虎数。

应该怎样渡？至少需要渡几次？

难度等级　★★☆☆☆

神机妙算

相传有一天，神机妙算的诸葛亮把将士们召集在一起，说："你们中间不论谁，从 1 ~ 1024 中任意选出一个整数，记在心里，我提出 10 个问题，只要求回答'是'或'不是'。10 个问题全答完以后，我就会'算'出你心里记的那个数。"诸葛亮刚说完，一个谋士站起来说，他已经选好了一个数。诸葛亮问："你这个数大于 512？"谋士答道："不是。"诸葛亮又向这位谋士提了 9 个问题。谋士都一一作了回答。诸葛亮最后说："你记的那个数是 1。"谋士听了极为惊奇。因为他选的那个数正好是 1。

你知道诸葛亮是怎样运算的吗？

难度等级　★★★☆☆

大象和蚊子的重量

一位数学娱乐爱好者，研究了某一代数式后得出了令人惊奇的结论：大象的重量等于蚊子的重量。他是这样推演的：

设 x 代表大象的重量，y 代表蚊子的重量。它们的和用 $2v$ 表示：

$x+y=2v$

从此方程式可以得到以下两式：

$x-2v=-y$，$x=-y+2v$

两式相乘后得到：

$x^2-2vx=y^2-2vy$

现在两边同加 v^2，获得

$x^2-2vx+v^2=y^2-2vy+v^2$，

或 $(x-v)^2=(y-v)^2$

从最后一个方程式中求出两边的平方根，获得 $x-v=y-v$，或 $x=y$，即大象的重量等于蚊子的重量。

请问原因何在？

难度等级　★★★☆☆

答 案

多少工作日

219 天。题目的叙述很繁琐。实际是“连续三天工作，连续两天休息”，如此反复。从本质上看是个简单的问题，但用文字表达就变得十分复杂。所以我们要善于透过现象看本质。

她能离婚吗

因为这对夫妇对每件事的意见都有分歧，那么妻子想离婚，丈夫不想离；而丈夫想离婚，妻子又不想离。总之，两人难以在离婚问题上达成共识。

药丸的重量

从 6 个瓶子里分别取出 11、17、20、22、23 和 24 粒药丸来，然后放在一起称一次就可以知道问题出在哪几瓶里。比如，称量之后超重 53 毫克，而这 6 个数字能构成 53 的组合只有一种，即：11 + 20 + 22。因此，问题就出在第 1 瓶、第 3 瓶和第 4 瓶。

直线变曲线

这些线条是在一张放在旋转着的唱片上的纸上画的。解决这个问题的关键是要想到在实际生活中有可能发生类似的事。如果是一个对音响有兴趣的同学，可能会立刻想到这一点。不过在唱片上画曲线变成直线这一点是相当难做到的，因为唱片外周的线速比内周的要快得多，需要掌握其要领。

野餐速成

不妨把三片面包记为A、B和C。

第一步，在烤箱中放入A和B，烤30秒。

第二步，把A在烤箱中翻个面，用C替换B，烤30秒。

第三步，把A从烤箱中取出，把C在烤锅中翻个面，把B的未烤的一面朝下放入烤箱，烤30秒。

这样，一分半钟烤完了三片面包。

愚人节的谎话

比如，对朋友说“今天我一定要骗给你看看”这句话就行了。如果这句话能够把朋友骗了的话就成功了，即使没能做到这句话本身就是撒谎，也属于欺骗。

多少人爬山

三人。

削苹果

小梅的妈妈用极普通的方法削着苹果。实践一下你就会明白，开始和最后确实是向着相反方向动刀子的。削好的皮呈s状就是这个原因。

哪杯冷得快

温度高的一杯冷得快，此为“姆潘巴现象”。冷却的快慢不是由液体的平均温度判断，而是由液体表面与底部的温度差决定。热牛奶急速冷却时，此种温度差较大，而且在全部冻结前的降温过程中，热牛奶的温度差会一直大于冷牛奶的温度差。因此表面的温度越高，其散发的热量则越多，降温也越快。

涨　潮

此种物理现象，要考虑各方面的问题。在这道题目中，若考虑涨潮时，船升高绳子也跟着升高的情况，则潮水是永远都不会淹没第4个绳结的。

阿凡提染布

阿凡提说：“不是星期一，不是星期二……不是星期天。”

不合格的008号

顾客说的对。

伪慈善家

要让10个人拿到枚数不同的银元，至少要1+2+3……+10=55（枚）

取电影票

57~58页正好是一页书的两面，中间当然不可能夹电影票。

农夫的动作

农夫的妻子针对地主贪财的心理想了个办法：农夫把一篮鸡蛋悄悄放在地里，当地主放了鸡过来时，他提起篮子，做了捡起最后一个蛋的动作，然后匆匆地往家走去。地主虽未看清，但估计是自己的鸡在那里下了蛋，非常后悔，再也不把鸡赶到农夫的地里去了。

为国王画像

第三位画家是这样画的：画国王正在打猎。国王端着猎枪，瘸脚踩在石头上，瞎眼紧闭着向猎物瞄准。

和尚的磬

物体每秒振动的次数叫做“频率”，如果两个物体的振动频率相同，一物体振动时，另一物体也会振动。在这个故事里，因为寺院的钟与磬固有的振动频率相近，因此，就可以发出共鸣。把磬挫开几处缺口，改变了磬的振动频率，也就听不见磬鸣了。

发火的过路人

过路人误认为把他当成了第二头毛驴。

左右脚同时迈出

不可能有中小学生同时左脚迈出的情况：
中学生→右—左—右—左—右
小学生→右—左—右—左—右—左—右

阿凡提的解释

阿凡提是用“要”这个词的多义性来解释的。“眉毛要不要”中的“要”有两种意思：一是拿去的意思，一是留着的意思。这个坏家伙说“要”是留着的意思，而阿凡提却把“要”解释成他要眉毛的意思。于是把眉毛剃下来给他。胡子“要不要”，也是这种情况。

包公断案

这孩子应是松手那个妇女的，因为她心疼孩子。

聪明的西诺特猜

西诺特猜说：“在座诸位大人心里所想，我了如指掌，那就是：‘你们的思想十分坚定，你们的一生都要忠于皇上，永远不会图谋背叛和造反’。”在国王面前，大臣谁敢不同意呢？

诚实的马德

马德对王后这样讲："国王说，他今天中午到你这儿来吃饭。"

一块石子

因为企鹅潜水本领不大。它嗉囊里的石子，不可能是从海底衔上来的。唯一的可能是附近有陆地，在那里吃的石子。

李子是苦的

王戎说："李树长在路边，结了那么多果子，要是不苦，早就叫人吃光了。"

聪明的射手

射手说：如果真的是不死之药，那么，大王就杀不死我；如果大王能杀了我，就证明药是假的。楚王听了，觉得很有道理。

摘椰子

需要 15 分钟才能爬到树顶。

运动员的房间

4 号运动员住在 13 号房间。

聪明的大臣

大臣从箱中摸出一个纸卷，打开看一下，就扔进嘴里吃下去。吃完说："陛下，我摸到的是'生'字纸卷，不信您看箱里剩下的是'死'字纸卷。"一验证，果然如此。

过　河

两个孩子先过河。一个孩子把船再划回学生这边来，自己上岸。然后一个学生上船再划回对岸，由留在对岸的孩子把船划回到学生这边来接另一个孩子，把他送到对岸后，再把船划回来，自己上岸，然后第二个学生再乘船渡过去，这样反复多次，直至把全部学生运到对岸。

让人犯愁的驴

爷孙二人要根据自己的实际情况与需要来决定，不要为别人所左右。

水池的面积

答案如图所示。

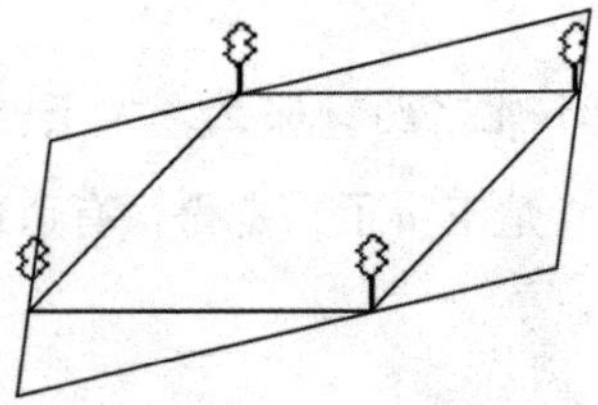

立鸡蛋

用鞭子打陀螺，陀螺可以在冰上旋转。用这个原理，可以把鸡蛋煮熟，用转陀螺的办法，使鸡蛋立起来。

吴七的笑话

吴七说："大臣已经和我说定了，他要和我平分您给我的奖赏，您奖赏我的 100 板子，我已经拿了 50 板子，万分感谢。剩下的 50 板子，就如数分赏给你的大臣吧，他也一定万分感谢您的赏赐。"

孙膑的办法

孙膑说："大王，我没有办法让你自己从山脚下走到山顶上去。可是，让你从山顶上走到山下来，我倒有绝好的办法。”齐威王不信，就与大臣一起走到山顶。这时，孙膑才说：“大王，请恕我冒昧，我已经让您自己走到山顶上来了。”这时人们才恍然大悟。

谁是凶手

不是。AB 型和 O 型血液的人结婚，子女不会是 AB 型。

赛　马

马超，李卫二人把马调换一下来骑，进行比赛，这就能看出谁的马慢了。

老虎和牛

需要 6 次。顺序如下：

(1) 一牛一虎过河，一牛返；

(2) 二虎过河，一虎返；

(3) 二牛过河，一牛一虎返；

(4) 二牛过河，一虎返；

(5) 二虎过河，一虎返；

(6) 二虎过河。

神机妙算

1024 一半一半地取，取到第 10 次时，就是“1”。根据这个道理，连续提 10 个问题，就能找到所需要的数。

大象和蚊子的重量

求等式两边的平方根：

$(x-v)^2 = (y-v)^2$

代数爱好者忽略了两个可能结果：一是：$x-v=y-v$，二是 $x-v=v-y$。其中仅第二式可以成立。原因是 x 和 y 是正数。从原方程式 $x+y=2v$ 可知，如果 $x>v$，则 $y<v$（第一种情况）；如 $x<v$，则 $y>v$（第二种情况）。

第一种情况 $x-v>0$，$y-v<0$，可见等式 $x-v=y-v$ 不能成立，因为正数不可能等于负数。

第二种情况 $x-v<0$，$y-v>0$，但还是不能证明 $y-v$ 的正确性。我们数学游戏爱好者采用这一等式，虽然避免了错误，但是还是不能获得他预期的任何新的结果。从等式 $x-v=v-y$ 又重新回到原等式 $x+y=2v$。

综合判断能力

我们在前言中提到过，要提高判断能力就要“养成综合看问题的习惯。全面看待问题，分析问题。只见树木，不见森林的人永远无法了解森林的全貌。世界上的一切事物都不是孤立存在的，它们彼此之间存在着千丝万缕的联系。我们只有对事物进行综合分析，把一切有联系的因素都考虑进来，然后详加分析、考察、比较，再作出判断，就会使事物的本质清晰地呈现出来”。

由此可见，综合判断能力是影响判断能力提升最重要的部分。下面，就让我们一起来提高综合判断能力吧！

哥哥要钱

哥俩花一样多的零花钱买了点心。哥哥对弟弟说：“这种点心 3 块钱一个，你可以比我多吃 2 个，你再给我 6 块钱。”

哥哥这样要钱公平合理吗？

难度等级　★★☆☆☆

白色乒乓球

小雪一直吵着要明明陪她一起打乒乓球。明明被吵得实在受不了，于是想了一个妙计：“小雪，这袋子里放了两个乒乓球，一个黄色的，另一个是白色的。现在，要你伸手进去拿乒乓球。如果你拿到黄色的，我陪你玩，但如果拿到白色的，你就要放弃了，而且不能再吵我！”

小雪的眼睛顿时亮了起来，但此时却瞥见转过身的明明放了两个白色乒乓球进去。

那么，不论她拿到哪一个都会是白色的。

请问，小雪是不是玩不成乒乓球了？

难度等级　★★☆☆☆

布包钱币

一天，小君和他的3个同学兴冲冲地来找小君的哥哥，让他帮忙解答一个问题。小君对哥哥说：“用一块四方形的布包住一枚1元钱币，把布的4个角穿进一个圆圈，钱币就掉不出来了。然后4个人一人拿一个角将布拉开。这4个人不松手，怎样才能将这枚钱币取出来呢？当然不能把布剪开，也不能砸断圆圈。”

小君的哥哥稍微琢磨了一下后，就顺利地把钱取出来了。

你知道小君的哥哥是怎么做到的吗？

难度等级　★★☆☆☆

万能羊圈

一个印第安人有3只绵羊和3只山羊，他想给它们建造羊圈，并打算让自己的儿子来完成这件事情。他给了儿子12块大小和长度一样的隔板，让他搭建6个正方形羊圈，1只羊1个。

印第安人考虑到绵羊较大，山羊较小，因此，要求儿子搭建3个大羊圈，3个小羊圈，并且大羊圈的面积是小羊圈的2倍。儿子做到了这一点。

儿子的活儿刚完工，印第安人又突然变卦，要求儿子把大小羊圈的面积比例改成3∶1。儿子无奈，按父亲的要求作了调整。但不一会儿，印第安人又改变了主意，要求把羊圈由正方形改成长方形。这并没有难倒儿子，因为他找到了一种方法，能把这 12 块隔板搭建成 6 个羊圈，同时能根据需要，任意地改变它们的面积比例，或者由正方形改为长方形，或者再由长方形改为正方形。

想想看，儿子的方法是什么？

难度等级　★★★☆☆

怎样卖电器

在一些欧洲国家，星期天卖某些商品是违法的。像报纸、水果这种有时间性的、易变质的商品可以出售；然而像图书和电器等在短期内不会失去效用的商品，则不允许出售。

商店应该怎么做才能在星期天把两种商品都合法地卖出去呢？

难度等级　★★★☆☆

判断正误

1. 小芳的叔叔是小芳姐姐的祖母的儿子。

2. 如果某一年的 7 月是 31 天，那么这一年的 8 月应该是 30 天了。

3. 一个人在 6 点钟时走进车间，他把挂在地图上的时钟倒挂过来，发现时针正指向地图上的南方。

4. 一个小孩用一个半径为 6 厘米的半圆形卡片制作圣诞卡。他想在上面贴一张长 6 厘米、宽 3 厘米的图片，但他发现这张图片根本不能完全放进这个半圆形的卡内。

5. 幼儿园老师给了第一个孩子 10 块甜饼，给了第二个孩子 15 块，给了第三个孩子 21 块，给了第四个孩子 28 块。按照这组数列的排列规律，老师应该给第五个孩子 35 块甜饼。

6. 有 10 个小孩在一起玩雪球。如果每一个小孩都要向其他的每一个小孩扔一个雪球，那么总共扔出了90个雪球。

7. 森特的包里有30双红袜子和22双白袜子，如果他随机地从包里掏3次袜子，每次取出一只袜子，他肯定能得到一双配对的袜子。

8. 如果一个花环由7片花瓣组成，那么就需要8个连接带。

9. 如果蓝气球比绿气球大，蓝气球同时又比红气球大，那么绿气球比红气球大。

10. 一个农场是一个正六边形，筑3条直栅栏可以把这个农场平均分成6块。

11. 击鼠标比赛开始了。参赛者有小宝、小军和小乐。小宝10秒能击10下鼠标，小军20秒能击20下鼠标，小乐5秒能击5下鼠标。以上各人所用的时间是这样计算的：从第一击开始，到最后一击结束。现比赛要求击40下鼠标，比谁快，那么，他们三个人会打成平手。

12. 一只驯鹿驾着雪橇往西走5个街区，然后往南走10个街区，再往东走5个街区，又往北走5个街区，现在雪撬在起点以南5个街区处。

13. 汤姆在湖中看见了自己的倒影。他右肩上有一个包，在倒影中，这个包跑到了左肩上。

14. 强强有两只左手戴的手套而没有右手戴的手套，他发现只要把这个左手手套翻过来，就可以戴在右手上。

你能快速、准确地判断以上说法的正误吗？

难度等级　★★☆☆☆

岂能难住我

有个老头性情乖僻、固执。这天，他拿来一个四方形的窗框，想刁难木工阿吉。他说："这扇窗太亮了，所以我要把窗减小一半。但绝对不能减少窗框的长度和宽度。当然也不允许用把窗户遮住一半这个办法。"

"我怎么能被这个问题难住呢？"阿吉考虑了一下，随后顺利地解决了这道难题。

你知道阿吉用了什么方法吗？

难度等级　★★☆☆☆

谁是告密者

在某别墅，一个爱养鹦鹉的单身女子被杀。凶手是一个叫田中的人，他用刀将女子刺死后逃走了。被害人在断气前连叫了好几遍“凶手是田中，凶手是田中”。由于该别墅坐落在林中，而且窗户紧闭，喊叫声无法传到外面，所以，被害人怎么喊叫凶手的名字也没用。第二天，尸体被发现，警察勘查现场后，马上断定凶手就是田中。

那么究竟是谁告的密呢？

难度等级　★★☆☆☆

奇特的决斗

有一场奇特的决斗。如图所示，A、B 两人把各自的杯子摆放好，侍者再把盛有毒药的杯子放在 C 处或 D 处，用这 3 个杯子决斗。从任意一侧把毒药换到与毒药杯子相邻的杯子里，换到第 55 次时，自己的杯子被注入毒药的一方必须把毒药喝下去。

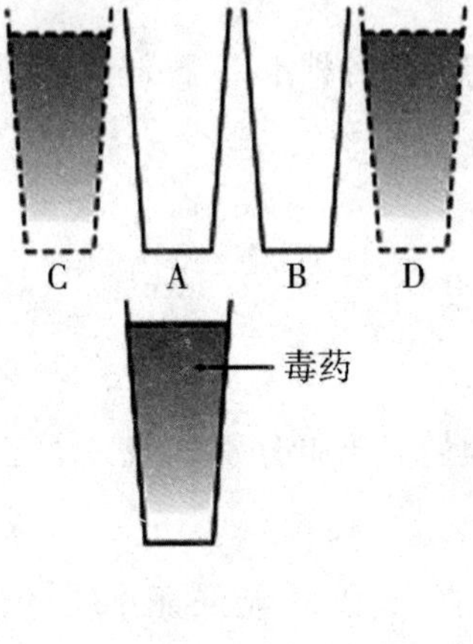

假如你是侍者，想暗中让 A 取胜，那么该把毒药杯子放在 C 处还是 D 处？

难度等级　★★★☆☆

水果的顺序

在一个集市的水果摊上，有人把 20 种水果并排放成了两排。下列各句中的“在左边”、“在右边”指的是在同一行，“在前面”、“在后面”指的是在另一行的相对位置。

葡萄在柠檬和芒果的右边，芒果在油桃的左边，油桃的后面是番木瓜。樱桃在草莓的后面，在李子的右边，在柿子的左边。柿子在枇杷的右边，枇杷在杏子的左边。橘子在梨的右边，在李子的左边，李子在桃的右边，桃在樱桃的左边，在橘子的右边。

酸橙在梨的前面，在西瓜和香蕉的左边，香蕉在黑莓的左边，黑莓在西瓜的右边，西瓜在草莓和香蕉的左边。树莓在柠檬的左边，柠檬在黑莓和草莓的右边，草莓又在香蕉的右边，在树莓和芒果的左边，芒果在柠檬的右边。

油桃在葡萄的左边，葡萄在树莓的右边，树莓在草莓的右边。番木瓜在番石榴的左边，番石榴在枇杷的右边。枇杷在樱桃的右边，在柿子的左边，柿子在杏子的左边。

你能根据上面的信息，把各种水果排成合适的顺序吗？

难度等级　★★★☆☆

三兄弟的房间

小明有两个兄弟，他们三兄弟分别住在三个互不相通的房间，每个房间门上都有两把钥匙。

请问，如何安排房间的钥匙才能保证小明三兄弟随时都能进入每个房间？

难度等级　★★★☆☆

头上沾泥的孩子

一个教室里有 10 个孩子，其中有 7 个孩子的额头上沾了泥巴。每个孩子都能看到别的孩子额头上是否有泥巴，但无法看到自己的。这时，老师走进教室，他说："你们中间至少有一个人额头上有泥巴。"然后，他问："谁知道自己额头上有泥巴？知道的请举手。"他这样连续问了 6 遍，无人举手，当问到第 7 遍的时候，所有额头上有泥巴的孩子都举起了手。

你知道为什么吗？

难度等级　★★★☆☆

两家商店

某城镇有 A、B 两家商店，他们都以批发价 7000 元进了相同的货。A 店进了该货 10 个，每个零售价 9000 元，B 店也进了 10 个，但每个零售价 1 万元，除此之外，两店其他条件均一致。那么顾客当然要先在价格便宜的 A 店买，只有当 A 店的该货全部卖光后，才会到 B 店去买。

某一天，来了 16 个客人都买此货，假定两店价格都不变动，且这 16 个人每人只能买 1 个。

请问，在这一天 B 店能否做到比 A 店赚得多？

难度等级　★★★☆☆

听纸知字

在圣诞节晚会上，魔术师 H 先生给一群女士表演了一个有趣的游戏，叫"听纸知字"。他对女士们说："你们每人拿一张纸，随便写上一句话，叠好后交给我。”

女士们很快写好并交给了他。H 先生拿起第一张纸，放在耳边听了听，说“这张纸上写着‘上帝保佑我们’，是谁写的？”

A 女士举起手来说：“是我。”H 先生拆开看，说：“果然是‘上帝保佑我们’6 个字。”

于是，他又听下面一张，也听对了。他一张一张地听下去，结果全听对了。女士们都感到很惊奇。

其实 H 先生和 A 女士事先就串通好了，他知道 A 女士写的是“上帝保佑我们”6 个字。

那么，他是怎样知道其他女士写的话的呢？

难度等级 ★★★☆☆

他们有多大

某客车上的甲、乙、丙 3 位乘客，分别和车上的 3 个乘务员（司机、售票员、检票员）的年龄相同。现在只知道：

（1）甲今年 25 岁。

（2）检票员昨天下棋输给了与甲同岁的乘务员。

（3）乙今天是回沈阳老家去的；和乙同岁的乘务员碰巧又是他同乡。

（4）司机的年龄是他女儿年龄的 3 倍，她现在在家乡湖北上小学；丙的年龄比司机的女儿大 20 岁。

司机今年多少岁？售票员和哪位乘客同岁？

难度等级 ★★★☆☆

赛　跑

A、B、C、D 四个孩子赛跑，一共赛了 4 次，其中 A 比 B 快的有 3 次，B 比 C 快的有 3 次，C 比 D 快的也有 3 次。大家可能很容易想到 D 一定跑得最慢。但事实却是，在这4次比赛中，D比A快的也有3次。

你能说出这是怎么回事吗？

难度等级 ★★★☆☆

对时钟

一天下午，小华在家里做作业，发现家里的时钟停了。他便到胡同口的钟表店去对时间。在店里碰到一位老大娘问路，小华热情地给她指了路，然后看好钟点回到家后，凭心算拨好时钟。晚上爸爸回来了，他知道爸爸的手表走得很准，便要过爸爸的手表和时钟对了对，发现一分也不差。

你能说出小华是用什么方法拨准时钟的吗？

难度等级 ★★★☆☆

两枚硬币

目前，人民币共有六种面值的硬币：1元、5角、1角、5分、2分、1分。现在我手中握着两枚硬币，它们面值的总额是5角5分，但其中一枚肯定不是5分。

那么它们是哪两枚硬币呢？

难度等级 ★★★☆☆

卖苹果

A、B、C三个人卖苹果。三人商定总是以同样的价钱出售。结果A总共卖了11箱、B卖了10箱、C卖了9箱苹果，可是他们卖苹果得到的钱却相同。

为什么？

难度等级 ★★★☆☆

间谍的使命

一个闷热的夏天，某间谍奉命杀死某个敌人。于是该间谍制作了如图所示的装置。在碟子里放入液体，这种液体只要沾上少量的水就会发生反应而产生毒气。他还在杯子里装了浮着冰块的满满一杯水。这个装置就放在那个敌人的房间里。

你认为该间谍的谋杀计划能成功吗？

难度等级　★★★☆☆

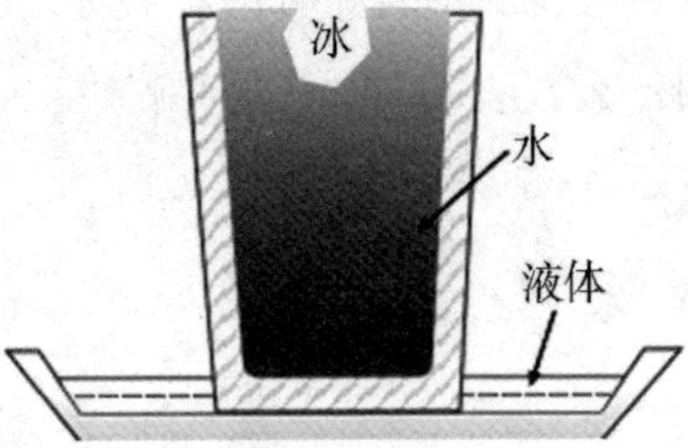

复杂的亲戚关系

龙霞、海森、旁歇 3 位男士，分别和兰花、百合、玫瑰 3 位女士结为夫妻，并都各生了一个儿子，名字叫做三阳、开泰、丰年。但是我们并不清楚他们之间确定的配对关系，只知道如下几条线索：

（1）旁歇不是玫瑰的丈夫，也不是开泰的父亲。

（2）兰花不是海森的妻子，也不是三阳的母亲。

（3）如果三阳的父亲是海森或旁歇，玫瑰就是丰年的母亲。

（4）如果玫瑰是龙霞或海森的妻子，百合就不是三阳的母亲。

请问，这 3 位男士的妻子和儿子各是谁？

难度等级　★★★☆☆

谁能取胜

猎豹和狮子在平原上赛跑，距离是100米往返（共200米）。猎豹跨一步是3米，狮子跨一步是2米。但狮子每跑3步猎豹才跑2步。

你知道谁能夺得最后的胜利吗？

难度等级　★★★☆☆

X星的粮食

X星球上的粮食与众不同。帕拉（P）和麦巴（M）是浮游在水中的物体。两个帕拉或两个麦巴就可成为一个人的粮食。不过，一个帕拉和一个麦巴组合在一起却不能成为粮食。水很混浊，只从水面看看不出哪个是哪个，把手伸进去摸，它们的大小、手感也都没什么区别。

要一次获得3个人的粮食，最少必须抓到几个物体？

难度等级　★★★☆☆

我没时间

上四年级的小新病了，这可把妈妈急坏了，连忙给小新请了病假。

在妈妈的精心照料下，小新的病很快就好了。可是，他仍然不愿意去上学。

小新这样解释说："因为我没有时间上学。您看，我一天睡眠8小时，以每天24小时计，一年中的睡眠时间加起来大约是122天；星期六和星期天不上课，一年一共104天；我们有60天的寒暑假；我每天吃饭要花3个小时，一年就是45天；每天我至少还得有2小时的游戏活动时间，一年就是30多天。"小新说完递给妈妈一张表：

睡眠（一天8小时）：122天。

周六、日：104 天。

寒暑假：60 天。

吃饭：45 天。

游戏（一天 2 小时）：30 天。

总和：361 天。

小新指着天数总和又解释道：“剩下的正好是我病了休息的 4 天。”

妈妈看了又看，一时挠头，道：“你又在捣鬼了。”可是，妈妈却未能发现小新的数据有何不准之处。现在请你来识破小新的“聪明”诡计吧！

难度等级 ★★★☆☆

掺水的牛奶

现在有半杯牛奶和一杯水，把少量水倒入牛奶中，然后慢慢地把牛奶和水的混合物倒回水杯中一些，直到牛奶杯仍是半杯为止。

我们的问题是：现在，牛奶杯中的水是否比水杯中的牛奶多？

难度等级 ★★★☆☆

甜饼的诱惑

有 3 个旅行家去了远方的埃比城，回来的时候，他们 3 人去了一家餐馆用餐。吃完饭后，他们点了一盘甜饼，并打算平分。可是，甜饼还没上来他们就都睡着了。第一个人醒来时看见了甜饼，于是把他那份吃了，接着又睡着了。第二个人不久也醒了，也把认为属于他自己的那份甜饼吃了，然后很快又睡着了。最后，第三个人醒来发现了甜饼，把认为属于自己的那份吃了，然后也进入梦乡。他们在鼾声中度过了那一夜。第二天，服务员将盛有甜饼的碟子收走了，这时桌上剩下 8 块甜饼。

那么，你知道桌子上原来有多少块甜饼吗？

难度等级 ★★★☆☆

有多少硬币

查燕妮喜欢把钱存在一个心形小存储罐中，朋友笑说她将钱装在“心”里，而且里面装的全部是硬币。当她数钱时，她发现了一个极巧的事：她的1500枚硬币正好是800元，硬币分为1元硬币、5角硬币以及1角硬币。

那么，你能说出这些硬币各有多少个吗？

难度等级 ★★★☆☆

燃香计时

有两根粗细不一样的香，香烧完的时间都是一个小时。用什么方法能确定一段长45分钟的时间？

难度等级 ★★★☆☆

总裁之死

莱特斯威的总裁在服用安眠药睡熟后被煤气毒死，煤气是从一根橡皮管里放出来的。现场还有一只同样因煤气中毒而死的猫。猫尾巴上不知为何系着一个棉花球。据推测，死亡时间是晚上10点30分左右。因为这个房间的门窗都紧闭着，所以只要打开煤气开关，30分钟内，室内的人即会死亡。也就是说，凶手行凶的时间是在晚上10点左右。但是，警方追捕到的嫌疑犯则拿出确凿的证据，证明自己从晚上9点一直到第二天早上都不在现场。

凶手究竟是使用什么诡计使煤气延迟了一小时才放出来的呢？

难度等级 ★★★☆☆

猎人的收获

有一天，猎人出去捕兔子，直到天黑才回家。妻子问他："你今天打了几只兔子？"由于猎人平时爱与妻子玩文字游戏，便回答："捕了6只没头，8只半个，9只没有尾巴的。"而聪明的妻子马上就明白他捕了几只。

请问，猎人究竟捕了多少只呢？

难度等级　★★☆☆☆

非常任务

给你提供一个盆、少量水、一个烧杯、一个软木塞、一枚大头针和一根火柴。你的任务是使所有的水都进入烧杯内，但是不能把盛水的盆端起来或者使之倾斜，也不能借助所提供物品外的其他物品使水进入烧杯。

请你想一想：怎样才能完成这个任务呢？

难度等级　★★☆☆☆

分金条

一位雇主让工人为他工作7天，给工人的回报是一根金条。

金条平分成相连的7段，他必须在每天结束时给工人一段金条，如果只许他把金条弄断两次，请问他该如何给工人付费？

难度等级　★★★☆☆

漂亮的相遇

唐娜斯的男朋友是一名船长，他在一家轮船公司上班，年薪高达几十万。他每天上午，负责将公司的轮船从公司出发开往亚得里亚海，而在每天这一时间都有该公司的一艘客轮从亚得里亚海开往公司。客轮走一个单程需要 7 天 7 夜。

请问：今天上午从公司开出的客轮，将会遇到几艘从对面开来的同一个公司的客轮？

难度等级　★★★☆☆

轮船的航程

一天，莱特尔公司一共发出了 3 艘轮船，这 3 艘轮船驶出大亚湾海峡并驶向威尼尔海湾。第一艘轮船 12 天后从威尼尔海湾返回，第二艘轮船用了 16 天完成了航行，而第三艘轮船用了 20 天才回到大亚湾。因为轮船在港内的恢复时间是 12 个小时，所以轮船抵港的日期就是它们返航的日期。

那么，需要多少天这 3 艘轮船才能再次同一天驶出大亚湾？同时，在这期间每一艘轮船将会航行多少次？

难度等级　★★★☆☆

猩猩、猿、狐猴

动物园里有猩猩、猿、狐猴，总共的数量为 100 只。管理员每天都会拿 100 个香蕉分给这 100 只灵长类动物。每只大猩猩有 3 个香蕉，每只猿有 2 个香蕉，而狐猴因为最小，只有半个香蕉。你能否根据上面所给出的信息计算出动物园里的大猩猩、猿、猴各有多少只吗？

难度等级　★★★☆☆

精品生意

特伯尔在新建的库尔小区内开了一家小型饰品店。他的精品店内有两个用水晶做成的小饰品，特伯尔把它们当做镇店之宝。昨天，库尔把这两个镇店之宝卖了，他先把第一个水晶饰品以 198 元卖掉，赚了 10%，然后又把第二个水晶饰品以 198 元卖掉，这次赔了 10%。

那么，特伯尔在这两个水晶饰品交易中是赚了还是赔了？

难度等级　★★★☆☆

圣诞晚餐

玛可的爸爸妈妈都是生意人，家庭生活比较富裕。每年的圣诞节，家里都会办得非常隆重。今年也一样，圣诞晚上一家人又团聚在一起了。饭桌上有一个祖父，一个祖母，两个父亲，两个母亲，四个子女；有三个孙子女，一个兄弟，两个姐妹，两个儿子，两个女儿；有一个公公，一个婆婆，一个媳妇。说了这么多，其实只有七个人。

请问：(1) 七人中男、女各几人？

(2) 玛可如何称呼其余六人？

难度等级　★★★☆☆

可以植多少树

爸爸见达伦好动，于是，宣布把后院仅剩的一块三角形土地分给他。达伦听后，非常高兴，一边哼着歌，一边在想：“呵呵，我终于有了自己的地盘喽！”达伦打算将三角形土地的每条边都种上树。三条边的长度分别为 156 米、186 米、234 米，树与树之间的距离均为 6 米，三个角上都必须栽一棵树。

若是这样，请问达伦一共可以植多少棵树？

难度等级　★★★☆☆

装蜜蜂的瓶子

凯伦将许多蜜蜂装在一个小玻璃瓶里，然后将玻璃瓶放在秤上，玻璃瓶的瓶口是密封的。那么，是蜜蜂都停落在玻璃瓶的底部的时候秤的读数大呢，还是蜜蜂在玻璃瓶中乱飞的时候秤的读数大呢？

难度等级　★★★☆☆

夏令营

某天，海柔尔听从了妈妈的建议，参加了夏令营。分完组后，每组的组长需要进行分工，海柔尔的任务是煮饭。她知道煮一锅饭需要 15 分钟，不足 15 分钟饭不会熟，超过 15 分钟饭就会烧焦。然而，她并没有像手表之类的计时器，只有 7 分钟和 11 分钟的沙漏各一个。那么，她要如何仅仅利用那两个沙漏，就测量出煮饭所需要的 15 分钟呢？

难度等级　★★☆☆☆

奶奶的礼物

鲁恩生日的时候，奶奶送给他一面古董时钟。这面钟夏天走得非常准确，你来猜一猜，它到了冬天将会变快还是变慢？应该如何调整？如果这个钟在北京走时准确，冬天运到上海将会变快还是变慢？这时又应该如何调整？

难度等级　★★☆☆☆

石头剪子布

莎曼撒和罗克珊两个小家伙，又在玩石头剪子布的游戏。莎曼撒对罗克珊说：“我们变换一下规则吧，只出石头和剪子吧，如果两个都是石头，就算是我赢；如果两个都是剪子，就算是你赢，这样很公平吧。”罗克珊同意了。于是开始新一轮的划拳，在这次的 12 次划拳中，罗克珊赢的可能性大吗？

难度等级　★★☆☆☆

卖苹果

有两筐各 30 千克的苹果要卖。其中，一筐大苹果每 2 千克卖 6 元，另一筐小苹果每 3 千克卖 6 元。这时有个人过来说：“这样分开卖，还不如搭配着卖。2 千克大苹果搭配 3 千克小苹果，一共卖 12 元。”卖苹果的认为这个建议合理，就开始搭配着卖。于是这个人又说：“那我就全买了。5 千克搭配苹果 12 元，60 千克为 12 × 12 = 144 元。卖完苹果后，卖苹果的人发现上当了。

请问卖苹果的人是怎么上当的？

难度等级　★★★☆☆

小偷的选择

有两个小偷因偷窃被抓住并被单独囚禁。警察分别告诉他们，如果不坦白自己与另一个小偷以前所做的违法之事，而另一个小偷坦白了，那么坦白的一方将被当场释放，而不坦白的一方将被判刑 10 年；如果都坦白了，则都从宽判刑 5 年。但小偷也知道，如果他们都不坦白，因警察找不到其他证明他们以前犯罪的证据，则只能对他们现在的偷窃行为进行惩罚，各判刑半年。这两个小偷将如何做出自己的选择？

难度等级 ★★★☆☆

故布疑阵

菲利普打电话给他的好友——警察斯蒂芬，说自己的叔叔可能出事了：“我们今晚约好一同吃晚饭，但他没来。你能不能陪我去他家里找找他？”

路上，菲利普对斯蒂芬说：“我叔叔认为最近几天他被贼盯上了。他有一大笔现金，藏在密室的保险柜里，不过这件事让一个保姆透露了出去。”

两个人来到菲利普叔叔的屋子，门没锁，只有门口厅室里一盏灯亮着。斯蒂芬建议说：“最好查看一下密室。”

菲利普在前面带路，来到黑漆漆的密室门口，停了一下说：“最里面的角落有盏落地灯。”便走进黑森森的屋子，看不见人。一会儿，落地灯被打开了，房间里顿时明亮如昼。菲利普的叔叔横卧在地板上，脑袋上有条很大的伤口。

菲利普跨过他叔叔的身体回到门口：“他……他死了？”斯蒂芬察看了一下伤势，说：“他没事，不过你要倒霉了，最好把整件事情讲清楚，我可以请求法庭对你宽大处理。”

菲利普在哪儿露出了马脚？

难度等级 ★★★☆☆

牛奶断案

甄妮小姐是一位首饰设计师，她带着新设计的钻石项链，应邀参加一个首饰博览会，下榻在组委会安排的豪华饭店里。

第二天一早，甄妮小姐报警说她的钻石项链不见了。警方赶忙来到饭

店。甄妮小姐说：“我打电话让饭店送一杯牛奶上来，然后就去盥洗室刷牙。我突然听见门边一声惊叫，接着是扑通一声。等我跑进门厅，就看见服务员倒在地毯上，满头是血。我急忙去卧室拿枕巾帮他止血。到房门口时，我就觉得有些不对头，回头一看，才发现床头柜上空空荡荡的，装着项链的手提箱不见了。这次损失大了，我还没有给项链上保险呢。”

警察又询问了受伤的服务员，他说：“刚才，我给甄妮小姐送来一杯热牛奶。可当我刚跨进房间，就觉得耳边一阵风，没等我回头，头上就被砸了一下，顿时栽倒在地，恍惚间好像看见一个蒙面歹徒，拿着一个手提箱逃走了。”

警察看着床头柜上的那杯牛奶，对服务员说：“你还是把你的同伙和甄妮小姐的手提箱交出来吧！”

请问，警察为什么这样说呢？

难度等级　★★★☆☆

冰上过河

一个寒冷的冬天，一支部队来到了松花江边上，可即使是冬天，松花江面还只是结了一层薄薄的只有五六厘米厚的冰，冰上面覆盖着一层雪。很明显这样踩在冰面上是很危险的，只有等到冰层达到七八厘米厚才会安全。大家正着急的时候，一位新来的士兵想出一条妙计，部队只等了一会儿，冰层的厚度就达到了 8 厘米以上。

你知道他想出了一条什么妙计吗？

难度等级　★★☆☆☆

女秘书

由于朗克总裁被杀，他的三位秘书玛丽、琳达和莉莉都受到警方的传讯。这三人中有一人是凶手，另一个人是同谋，第三个人则是毫不知情者。她们的供词说的都是别人，这些供词中至少有一条是毫不知情者说的，而且毫不知情者说的都是真话。她们的供词如下：

(1) 玛丽不是同谋。

(2) 琳达不是凶手。

(3) 莉莉参与了此次谋杀。

请问：这三位秘书中，哪一个是凶手？

难度等级　★★★☆☆

谁是老大

警察在车厢里发现一伙人赌博，他们是张三、李四、王五、阿七。在审问他们谁是老大时，他们的回答各不相同。

张三说："老大是王五。"

李四说："我不是老大。"

王五说："李四是老大。"

阿七说："张三是老大。"

经过了解，这伙人中只有一个人说的是真话，其他三人说的都是假话。

警长问他的部下："知道谁是头儿吗？"

部下指着一个人说："是他。"

请问：你知道"他"是谁吗？

难度等级　★★★☆☆

缺一种声音

一位评论家的仆人早上打扫卫生时，发现他的主人胸部中了两枪，倒地而亡。

亨利探长在现场了解情况，鉴定人员告诉他死亡时间为昨晚10点左右。

正在鉴定人员答话时，挂在书房墙上的鸽子报时钟“咕咕咕”地响了。挂钟里的鸽子从小窗中探出头报了10点。

因为鉴定人员到达现场时收音机正开着，录音键也按着。将磁带转到头放，录的是昨晚22∶10结束的巨人队和步行者队决赛的比赛实况。

鉴定人员按下了桌上录音机的放音键，里面传出了比赛实况的转播声。亨利探长一边看着手表一边听着，然后他肯定地说受害人不是在这个书房而是在别处被杀，连同录音机转移到这里伪装杀人现场的。

请问：亨利探长是根据什么判断的？

难度等级　★★★☆☆

奇怪的中毒事件

一天早晨，某集团的董事长死在自己的车库里。死因是氰化钾中毒，是在准备出车库时，吸入剧毒气体致死的。

可是，案发那天，周围既无人接近过车库，现场也未发现有任何可能产生氰酸钾的药品和容器。那么，罪犯究竟是用了什么手段将富翁毒死的呢？

调查这一案件的侦探发现，汽车的一个轮胎已爆胎，被压得扁扁的，他马上就识破了作案手段。你知道凶手是如何作案的吗？

难度等级　★★★☆☆

小鸟吃虫子

在一个虫子不太多的日子里，黄鸟、白鸟、黑鸟、绿鸟4只鸟还是想方设法各自捉到了一条虫子。虫子的长度各不相同，分别是3厘米、4厘米、5厘米、6厘米。以下是4只鸟的话，其中捉到红色虫子的2只鸟的话是真话，捉到黑色虫子的2只鸟的话是假话。

黄鸟：“我捉的虫子有4厘米或者5厘米长。”

白鸟：“黑鸟捉的虫子是3厘米的红虫子。”

黑鸟：“绿鸟捉的虫子是5厘米的黑虫子。”

绿鸟：“白鸟捉的虫子是4厘米的红虫子。”

请问：每只鸟分别捉到了多长的什么颜色的虫子？

难度等级 ★★★☆☆

答　案

哥哥要钱

不合理，哥哥多得了3块钱。理由是，点心是哥俩各出一半钱买的，所以点心也应各分一半。弟弟只要从哥哥那里要一个点心，就会比哥哥多吃两个，但弟弟只需给哥哥一个点心的钱就可以了。

白色乒乓球

当然不是。小雪从袋子里拿出一个乒乓球之后，立刻藏在身后。明明肯定要求小雪把它亮出来，而此时小雪就说“我亮不亮出来没有关系，只要看看袋子里面留下的是什么颜色的乒乓球，就知道我拿的是什么颜色的乒乓球”，明明当然会无话可说。

布包钱币

用手从外侧轻轻地抓住圆圈，慢慢地移动，一直移至布边为止。

万能羊圈

答案如图所示。

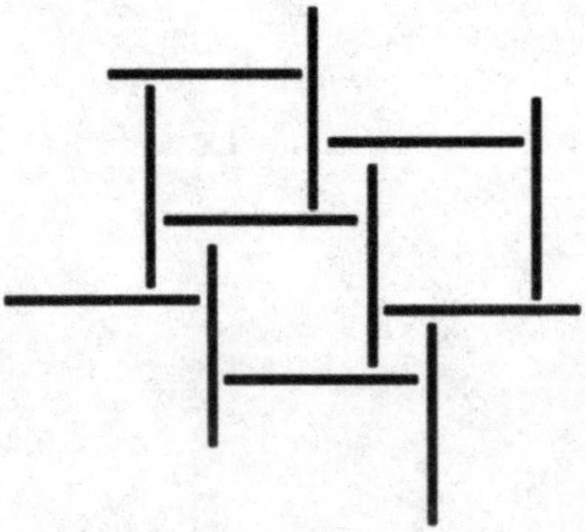

怎样卖电器

商店可以提高每斤水果的价格，购买一定数量的水果就赠送一种电器。

判断正误

1. 对。小芳姐姐的祖母就是小芳的祖母，她祖母的儿子只能是她的大伯、叔叔或她爸爸。

2. 错。无论是平年还是闰年，7 月和 8 月都是 31 天。

3. 错。在 6 点钟时，时针指向南方，此时把时钟倒过来，时针应指向北方。

4. 错。这个问题有点复杂并需要想象力。一个等值的问题是："能否把一个边长为 3 厘米的正方形放进一个直径为 6 厘米的 1/2 圆中？"这个问题的答案是"能"。因为一个正方形对角线总小于它的边长（或在本问题中即半圆的半径）的 2 倍。

5. 错。老师应该给第五个小孩子 36 块甜饼，因为，10 + 5 = 15，15 + 6 = 21，21 + 7 = 28，28 + 8 = 36。

6. 对。每一个小孩都要向除他以外的孩子扔一个雪球，即扔 9 个雪球，那么 10 个小孩就扔 90 个雪球。

7. 对。假设袜子的颜色分别为 x 和 y，并且第一次森特从包里掏出的袜子的颜色是 x。如果他第二次挑出的袜子的颜色是 x，那就正好可以配对。如果第二次是 y，则他有一只 x 和一只 y。这样，第三次他无论掏出什么颜色的袜子都可以配对了。

8. 错。每一片有两个端点，每两个端点需要一个连接带。所以说，连接带的个数与片的个数相等。这样，做一个由 7 片花瓣构成的花环只需要 7 个连接带。

9. 错。我们可以肯定地说蓝气球是最大的，但不能肯定地说出绿气球和红气球的相对大小。

10. 对。通过这个正六边形中心的三条直线就能够把它分成相等的 6 个三角形。

11. 错。是小军最先击完 40 下鼠标。因为各人所用的时间是这样计算的：从第一击开始，到最后一击结束。所以，相邻两次击动鼠标的时间间隔，小宝是 10/9 秒，小军是 20/19 秒，小乐是 5/4 秒，即小军击鼠标的时间间隔最短，因而速度最快。

12. 对。往东的 5 个街区抵消了最初往西的 5 个街区，所以，雪橇只是往南行了 10 个街区和往北行了 5 个街区，最后的结果是往南行了 5 个街区。

13. 对。倒影或镜像是和原物相反的。所以左边的东西出现在倒影中正好在右边。

14. 对。左手手套翻过来正好适合右手。

岂能难住我

很简单。如图所示，只要把平行四边形（含长方形、正方形）倾斜 45°，安装可使四边形的高度降低一半，就可把它的有效面积减少一半。

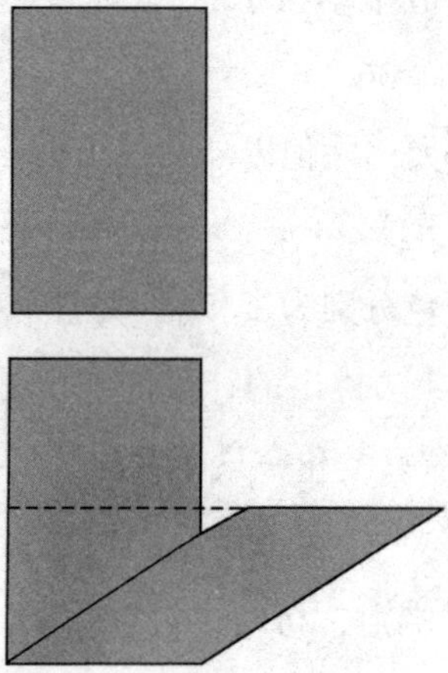

谁是告密者

告密者是鸟笼里的鹦鹉。被害人死前之所以叫了几遍凶手的名字，是为了让在室内饲养的鹦鹉记住。所以，刑警在勘查现场时，发现鹦鹉在反复叫着“凶手是田中”。

奇特的决斗

放在D处即可。决定胜负的是第55次，即奇数次。在3个杯子中，不论毒药放在C处还是D处，肯定只有中间那只杯子正好是奇数次。所以，要想使A获胜，可把毒药杯子放在B旁边，使B点成为中间点。

水果的顺序

后排：梨、摘子、桃、李子、樱桃、枇杷、柿子、杏子、番木瓜、番石榴。

前排：酸橙、西瓜、香蕉、黑莓、草莓、树莓、柠檬、芒果、油桃、葡萄。

三兄弟的房间

把三个房间命名为甲、乙、丙，小明三兄弟分别拿一个房间的钥匙，再把剩下的钥匙这样安排：甲房内挂乙房的钥匙，乙房内挂丙房的钥匙，丙房内挂甲房的钥匙。这样，无论谁先到家，都能凭着自己掌握的一把钥匙进入三个房间。

头上沾泥的孩子

如果只有1个孩子额头上有泥巴，当老师第一遍提问时，他立即就会举手，因为他没有发现任何一个孩子额头上有泥巴，因此可以立即推断出是自己额头上有泥巴。如果有2个孩子额头上有泥巴，则他们都只看到1个孩子额头上有泥巴。当老师第一遍提问时，他们都无法确定是否自己额头上有泥巴，但是当第一遍提问结束没有人举手时，他们立即明白自己额头上有泥巴，因为，如果自己额头上没有泥巴，他们所看到的那个额头上有泥巴的孩子在第一遍提问时就会举手，理由如上所述。因此当老师第二遍提问时，这2个额头上有泥巴的孩子会同时举手。如果有3个孩子额头上有泥巴，则他们都只看到 2 个孩子的额头上有泥巴。当老师第一遍和第二遍提问时，他们都无法确定是否自己的额头上有泥巴，但是当第二遍提问结束没有人举手时，他们立即明白自己的额头上有泥巴，因为如果自己的额头上没有泥巴，他们所看到的那 2 个额头上有泥巴的孩子在第二遍提问时就会举手，理由如上所述。因此，当老师第三遍提问时，这 3 个额头上有泥巴的孩子会同时举手。由此我们得出一般性的结论：如果有 n 个孩子的额头上有泥巴，则当老师 n 遍提问后，所有额头上有泥巴的孩子会同时举手。

两家商店

可以做到。B 店老板先从 A 店买走 1 个货，然后这 16 个人再去买。

听纸知字

H 先生先偷偷地把 A 女士的纸条放在所有纸条的最下面。他第一次拿起来“听”的是另外一位女士的纸条，但他把它当做 A 女士的“听”出来，再拆开看时，就知道第二位女士写的是什么了。当拿起第二张纸条时，就把刚才看到的那张纸上的字“听”出来，然后又拆开看，看后又拿另一张来“听”，“听”后又把刚才看到的字说出来。就这样一张张“听”下去，最后才拆开 A 女士的，结果就全“听”对了。

他们有多大

司机的老家是湖北，乙的老家是沈阳，那么根据条件（3），司机不会和乙同龄；司机的年龄是他女儿的 3 倍，那么根据条件（1），他也不和甲同龄。所以，司机便只有和丙同龄了。因丙的年龄比司机的女儿大 20 岁，所以可以得出丙的年龄，也就是司机的年龄为 30 岁。

既然甲不与司机同年，而且根据条件（2）“检票员昨天下棋输给了和甲同岁的乘务员”，可推知甲也不和检票员同岁，因而甲便只有和售票员同岁了。

所以，问题的答案是：司机今年 30 岁，售票员和甲乘客同岁。

赛 跑

4 次比赛的名次如果分别为：（1）A、B、C、D；（2）B、C、D、A；（3）C、D、A、B；（4）D、A、B、C，就会出现题中所述的情况了。

对时钟

小华采用的方法如下：

（1）离家前，他先给停摆的时钟上好弦，并让钟走动，回家后，看看钟点，算出了离家用去的总时间；

（2）他记下了到达钟表店和离开钟表店的时间，其间的时间就是给老大娘指路的时间；

（3）他用离家的总时间减去为老大娘指路的时间，这就是用在路上的时间；

（4）他用走路时间的一半（来回平均数）加上离开钟表店时的时间，最后得到了自己要拨的钟点。

两枚硬币

这两枚硬币，一枚是 5 角，一枚是 5 分。其中 5 角的那枚硬币面值肯定不是 5 分。

卖苹果

他们像下面方式卖了两次苹果。比如：第一次一箱苹果卖 20 元，A 卖了 4 箱、B 卖了 5 箱、C 卖了 6 箱。第二次一箱苹果卖 10 元，A 卖了 7 箱、B 卖了 5 箱、C 卖了 3 箱。

间谍的使命

能成功。即使冰块融化，水也不会溢出。但是，冰块融化时，杯子的外壁会凝结上一层水珠，这种水便会成功地产生毒气。这里也有一个大陷阱。大家都懂得这样一个原理：冰变成水的时候，体积要减少，所以，水里浮着的冰融化后，水也不会溢出来。然而就此下结论还为时过早，再变换个角度想一想，就能避免掉进陷阱。

复杂的亲戚关系

父亲　龙霞　海森　旁歇

母亲　玫瑰　百合　兰花

儿子　三阳　开泰　丰年

谁能取胜

狮子。猎豹和狮子的速度完全相同。但狮子跑到100米时正好是50步，而猎豹跑到99米时，下一步却要超出百米线2米，即它要从102米处折回，这样等于它多跑了4米，当然会输给狮子。

X星的粮食

7个。用P来表示帕拉、M表示麦巴。取一个人的粮食抓到两个物体的时候可能出现PM的组合，所以最少要抓3个物体。这时它们的组合有PPP、PPM、PMM、MMM，共4种。

然而在取第二个人的粮食的时候，由于前面会剩下一个P或M，因此抓两个就行了。同样，取第三个人的粮食时也是只抓两个就可以了。这样加起来共7个。

我没时间

小新的病假看来的确没白休，他在这几天里想出了一个看起来毫无破绽的不上学理由。你看了小新的理由是不是也一头雾水呢？其实仔细想想就不难发现，小新的这些数字中隐藏着花招——他对时间进行了有重叠的分类。这样，同样的一段时间就会不止一次地被计算。

例如，在他60天的暑假中，他既要吃饭又要睡眠。这些吃饭和睡眠的时间，既被计入假期时间之中，又分别被计入全年的吃饭和睡眠时间之中。同时，这也是把简单的问题弄复杂，为自己的头脑添负担的一种常见思路。

掺水的牛奶

通常的回答是牛奶杯中的水较多。毕竟倒进牛奶中的是纯水，而倒进水中的是冲淡的牛奶。然而，正确的答案是牛奶和水的转移量相同。

这个答案时常引起争论。要证明为什么是这样，最好的方法是设想有两桶小球，而不是两杯液体。开始时，一只桶内放 100 个绿球，这代表水。另一只桶内放 20 个白球，这代表牛奶。

取任意数目的绿球——我们取 10，把它们转移到白球桶内。这样转移过后，一只桶内有 90 个绿球，另一只桶内有 20 个白球和 10 个绿球。

现在转移 10 个球回去，但这次是混合的。假定其中有 8 个白的，两个绿的。在第二次转移后，一只桶内有 92 个绿球和 8 个白球，另一只桶内有 12 个白球和 8 个绿球。两只桶内所含球的数目与开始时相同，但是 8 个绿球（“水”）已经与 8 个白球（“牛奶”）交换过桶了。不管取回的是什么混合物，换桶的绿球和白球数总是相同的。

思考问题时可以采取某种置换思考对象的方式，比如此题将牛奶与水置换为白球和绿球，计算起来结果便明朗了许多。

甜饼的诱惑

因为桌上剩下的甜饼是第三个旅行者醒过来时的 2/3，所以他醒来时，桌上的盘子内会有 12 块甜饼；同样，这 12 块甜饼是第二个旅行者醒过来时的 2/3，所以，他醒来时，盘子里有 18 块甜饼；这 18 块甜饼是第一个旅行者醒来时的 2/3，这就是说盘子里原来有 27 块甜饼。

有多少硬币

每种面值的硬币各有 500 枚，它们依次为：500 枚 1 元硬币 = 500 元，500 枚 5 角硬币 = 250 元，500 枚 1 角硬币 = 50 元。

燃香计时

将两根香同时点着，但其中一根要两头一起点。两头一起点的香燃尽的时候，时间正好过去半个小时。只点一头的香也正好燃烧了半小时，剩下的半根还需要半个小时。再两头一起点，燃尽剩下的香所用的时间是15分钟。这样两根香全部烧完的时间就是45分钟。

总裁之死

凶手先为猫注射麻醉剂，再把棉花团系在猫尾巴上。然后把猫尾巴塞进煤气橡皮管出口处。这样，即使把煤气打开，煤气也不会泄露出来，而过了1小时。在10点左右，麻醉剂药力过后，猫醒了过来，一走动，棉花团便从橡皮管内拔了出来。煤气大量外泄，室内正在熟睡的被害者连同猫才会一起中毒而死。

猎人的收获

0只。“6”去掉“头”，“8”去掉半个，“9”去掉“尾巴”，结果都是“0”。

非常任务

大头针穿过火柴并把火柴固定在软木塞上，然后把火柴、软木塞、大头针一起放到水里，把火柴点燃，并把烧杯倒扣在软木塞、大头针和火柴的组合之上。火柴燃烧把烧杯内的氧气耗光之后，水就会进入烧杯。

通过思维的敏捷转换和灵活选择，突破和重新组合已有的知识、经验和新获取的信息，以具有超前性的新的认识模式把握事物发展的内在本质及规律，并进一步提出独特的见解，这有利于我们的思维变得更加主动、灵活。

分金条

因为只允许两次弄断金条，那么我们先看看该怎么分才合理。

首先，由于是分两次弄断，就说明该金条被分成了三份。在分的过程中，我们要考虑到必须每天结束时给工人一段，那么第一天应得的是1/7，所以其中一份必须是1/7。

然后，我们考虑一下，剩下的6/7 我们该怎么分成两份，第二天工人也应该得到1/7，两天他一共得到了2/7。这时候，我们有两种分法：第一种是第二天再给工人1/7；第二种是给工人2/7，让工人找回1/7。

显然第一种方法行不通，因为剩下的是5/7，到第三天就没有办法了。所以，第二种方法可取，那么剩下的是4/7，到第三天时，可以再给他1/7，加上原先的2/7 就是3/7；第4 天给他那块4/7，让他找回那两块1/7 和2/7 的金条；第5 天，再给他1/7；第6 天给他2/7，让他找回1/7，和第2 天一样；最后一天给他找回的那个1/7，就可以了。

漂亮的相遇

一共是15 艘客轮。从公司开往亚得里亚海的客轮，除了在海上会遇到13 艘客轮以外，还会遇到2 艘。

轮船的航程

这3 艘轮船下次同一天驶出大亚湾需要等到240 天以后。因为240 是12、16、20 的最小公倍数，在这期间3 艘轮船都可以完成航行。至于这段时间，每一艘轮船所航行的次数，可以按以下方式计算。

第一艘轮船：$240 \div 12 = 20$ 次；

第二艘轮船：$240 \div 16 = 15$ 次；

第三艘轮船：$240 \div 20 = 12$ 次。

猩猩、猿、狐猴

动物园里有5 只大猩猩、25 只猿以及70 只狐猴。

精品生意

特伯尔赔了 4 元钱。他在第一个水晶饰品交易中赚了 18 元（198 除以 11 就是 10% 的利润）。然而，在第二个水晶饰品交易中他却赔了 22 元（198 除以 9 就是 10% 的损失）。这样赔的 22 元减去赚的 18 元就是损失的钱。

圣诞晚餐

（1）三男四女。

（2）玛可称呼他们为爷爷、奶奶、爸爸、妈妈、姐姐、妹妹。

可以植多少树

96 棵。

装蜜蜂的瓶子

重量是一样的，称得的重量取决于瓶子和其中装的东西，而这些并不改变。当苍蝇在飞时，它们的重量被气流传递，作用在瓶子上，尤其是翅膀扇出的向下的气流。

夏令营

先把 7 分钟和 11 分钟的沙漏一起计时，7 分钟的沙漏漏完后就开始煮饭，11 分钟的沙漏将剩余的沙子漏完后，便把 11 分钟的沙漏马上转过来再计时，这样，这次 11 分钟的沙漏漏完后，饭也就熟了！

奶奶的礼物

由于热胀冷缩的原因，摆钟到了冬天将会变快，应该把摆下端的螺丝下调，使等效摆长变长些。运到上海将会变慢，应该把摆下端的螺丝上调，使等效摆长变短些。

石头剪子布

罗克珊一次也不可能赢。因为莎曼撤会一直出石头，无论罗克珊出什么，都是他输。

卖苹果

卖苹果的人之所以上当，是因为将局部成立的比例关系的传递性，当成了整体成立的比例关系的传递性，因而产生了计算错觉。

将大苹果与小苹果搭配着卖，这种思考方法本身并没有疑问。问题在于局部的比例关系向整体的比例关系发展过程中，有没有自始至终的传递性？

实际上，某一事物，当它们的局部成立的比例关系向整体的比例关系发展推广时，这种比例关系并非永远是传递性的，有时可能是非传递性的，亦即：虽然 aRb 真，并且 bRc 真，但 aRc 真假不定。这就需要分析一下合理的比例关系到什么程度为止。

如本题中，30 千克小苹果按 3 千克一份划分，可以分为 10 组；而 30 千克大苹果按 2 千克一份划分，则可以分为 15 组。因此，将它们以 3∶2 的比例搭配时，组合到第 10 组时，小苹果就组合完毕，余下的 5 组 10 千克大苹果就不可能再按 3∶2 的比例组合，只能以大苹果的实际价格来卖了。如果仍然将这 10 千克大苹果按搭配价格来卖，自然就会少卖钱了。

亦即，10 千克大苹果本来应该卖：

6（元）×5（组）=30（元）

而实际上只是卖了：

12（元）×2（组搭配）=24（元）

少卖的 6 元钱就是这样产生出来的。

所以卖苹果的人上当了。

小偷的选择

从选择心理上讲，在竞争性的互动选择中，每个人都希望自己受益最

大。但从格式塔心理学角度来看，结构不是其组成部分的简单相加，其组成部分的性质是由内部系统性整体结构决定的。这也就是“格式塔”的意义所在。因此，思考本题时，要以知觉思维素材所感受到的有关该事物的整体形象为出发点。这就是在“小偷的选择”中，每个小偷选择的结果——是当场释放还是被判刑（10 年、5 年、半年），不能想当然地只考虑自己的困境，同时也要考虑另一个小偷的困境。任一小偷的最佳选择，不仅取决于自己的决定，还取决于另一个小偷的决定。这就涉及博弈论问题和意志自由的问题。

首先，小偷如何选择，必须符合博弈论的原理。所以，在小偷的选择中，每一个小偷如何确定自己的策略选取，只能从另一个小偷的各种选择策略分析中，“归纳地”得出在任何情况下，自己的最佳选择是什么。

其次，小偷如何选择，也必须受合乎理性的意志自由的支配与调节。

虽然小偷完全可以按照自己的意志，决定“坦白”或者“不坦白”。从这个意义上说，小偷的意志也是自由的。但是，诚如前述，意志的自由，并不等于说意志是随意的。意志自由必须是合乎理性的自由，意志的选择必须合乎事物之间的普遍联系。因此，在自觉确定目标，根据目标支配自己，调节行动，克服困难，实现目标的心理状态中，小偷的选择也必须符合意志对于意识的两种调节作用，亦即促使人从事带有目的性的必要行动的发动作用，以及制止与预定目的相矛盾的愿望和行动的抑制作用。

所以正确答案是：这两个小偷都将做出“坦白”的选择。

故布疑阵

回到门口时，菲利普是“跨过他叔叔的身体”的。那么，在他去开灯时，他肯定也要跨过他叔叔的身体才行。但是，只有当他事先知道他叔叔已经横卧在地板上时，才有可能在伸手不见五指的黑暗中去开灯而不被绊倒。

牛奶断案

如果服务员一进门就被人打倒在地，那么，这床头柜上的牛奶不就是刚端来的吗？为什么一点都没有洒在地上呢？其实服务员端着这杯牛奶先进房放在床头柜上，顺手将手提箱拿到门口，交给同伙，然后使用苦肉计，故意让同伙打了一下，造成手提箱被盗的假象。

冰上过河

有两种办法：一是清除河面上的积雪，使寒冷传至冰层以下；二是在冰面上浇水。

女秘书

如果（1）和（2）是假话，则玛丽就是同谋，琳达就是凶手，莉莉是毫不知情者。那么，（3）就是假话。

如果（1）和（3）是假话，则玛丽是同谋，而莉莉是毫不知情者，琳达就是凶手了，这样（2）也成为假话。

如果（2）和（3）是假话，则琳达就是凶手，而莉莉是毫不知情者，那么玛丽就是同谋，这样（1）也成为了假话。

因此，毫不知情者作了两条证词。再进一步推测，如果毫不知情者作了（2）和（3）这两条供词。即然（2）、（3）是真的，那么，（1）就是假的。可知玛丽是同谋，与前面的结论相矛盾。因此这是不可能的。以此类推，可以知道莉莉是毫不知情者，琳达是同谋，玛丽是凶手。

谁是老大

如果张三说的是真话，那李四、阿七说的也不错。但只有一个人说真话，张三、李四、阿七说的都是假话，只有王五说的是真话，李四是老大。

缺一种声音

如果真的是在书房被枪杀的，那么磁带中就理应录上了昨晚报时钟报

22 点的鸽子叫声。之所以录音中没有鸽子的叫声，是因为凶手是在别处一边录音，一边枪杀受害人的。

奇怪的中毒事件

轮胎里充满了高压氰酸钾气体，罪犯是在前一天晚上悄悄溜进车库作案的。

第二天早晨，当被害人想出车时，发现一个轮胎气太足了，这样车跑起来会出危险，便拧开气门芯放些气。就在这一刹那，剧毒的氰酸钾气体喷射出来使其中毒身亡。

小鸟吃虫子

黄鸟：4 厘米的红色虫子。

白鸟：3 厘米的黑色虫子。

黑鸟：6 厘米的红色虫子。

绿鸟：5 厘米的黑色虫子。